FERRER

L'Homme & Son Œuvre

Sa Mort

Castille contre Catalogne

AVANT-PROPOS
DE
Alfred NAQUET

FERRER

L'Homme et son Œuvre. — Sa Mort

Castille contre Catalogne

G. NORMANDY & E. LESUEUR

FERRER

L'HOMME ET SON ŒUVRE. — SA MORT.
CASTILLE CONTRE CATALOGNE

Avant-Propos de
ALFRED NAQUET

Portraits
Documents inédits — Lettres originales
Huit hors-texte

PARIS
ALBERT MÉRICANT, Éditeur
1, rue du Pont-de-Lodi

AVANT-PROPOS

A Georges Normandy

Mon cher Monsieur,

Vous me faites connaître votre intention de publier incessamment un volume sur la Question Catalane et sur le cas de Ferrer.

La trop courte conversation que j'ai eue avec vous me laisse croire que, sur la plupart des points, sinon forcément sur tous, nous nous trouverons en communion d'idées.

Néanmoins, il arrive aux esprits les plus rapprochés de diverger sur des points de détail. Il me serait dès lors impossible — vous avez été le premier à le comprendre — d'exprimer une opinion sur votre ouvrage sans en avoir lu les épreuves et, malheureusement la date très rapprochée de votre publication

ne me permet pas d'en prendre connaissance
avant qu'il ait paru.

Mais, si je ne puis pas avoir le plaisir de
préfacer votre œuvre, je puis du moins vous
dire en deux mots ce que je pense du grand
ami dont nous déplorons la perte.

La légende du Golgotha, pour fantaisiste
qu'elle soit au point de vue historique, exprime une vérité scientifique.

Il est des heures où un sang innocent
répandu par des bourreaux est la condition
nécessaire de la rédemption d'un peuple.

C'est le cas de Ferrer.

La pauvre Espagne, courbée sous le joug
d'un roi dont on ne saurait dire s'il est plus
criminel qu'imbécile ou plus imbécile que
criminel, d'un roi qui n'est que l'exécuteur
des hautes œuvres des moines et des sou-
dards, avait besoin d'un grand sacrifice pour
réveiller les cœurs, pour faire éclater l'étincelle qui détermine la révolution bienfaisante
par laquelle ce malheureux pays, cependant
si digne et si fier, reprendra dans le monde
la place à laquelle il a droit.

Le meurtre du martyr que les petits-fils des
Inquisiteurs ont sacrifié parce qu'il créait des
écoles et affranchissait la pensée des dogmes
abêtissants, a été l'événement, le choc d'où
est née cette étincelle. Elle a jailli, — et les

ondes qui s'en émanent ne s'arrêteront plus.

Ferrer est un Rédempteur.

Et il remplit ce rôle, non seulement pour l'Espagne, mais pour l'humanité tout entière.

Dans notre époque, par trop veule et sceptique, que l'on aurait pu croire incapable de grandes envolées, une vague d'indignation a passé sur les peuples et les a remués jusque dans leurs entrailles.

Cette vague est internationale. Elle rapproche les hommes dans la fraternité des peuples et dans la haine des oppresseurs.

Ces manifestations glorieuses de Paris, de Rome, de Bruxelles, de Londres, de Buenos-Ayres, de Berlin même et d'un grand nombre de villes autrichiennes, — ces manifestations dont le contre-coup s'est fait sentir jusque dans cette triste Russie qui, à l'autre bout de l'Europe, fait le pendant de l'Espagne, — marquent une date, une date féconde. Et je vous félicite d'en avoir pris texte pour la faire coïncider avec la publication de votre travail.

Veuillez agréer, mon cher Monsieur, l'expression de mes sentiments les meilleurs et les plus sympathiques.

ALFRED NAQUET.

Paris, le 19 octobre 1909.

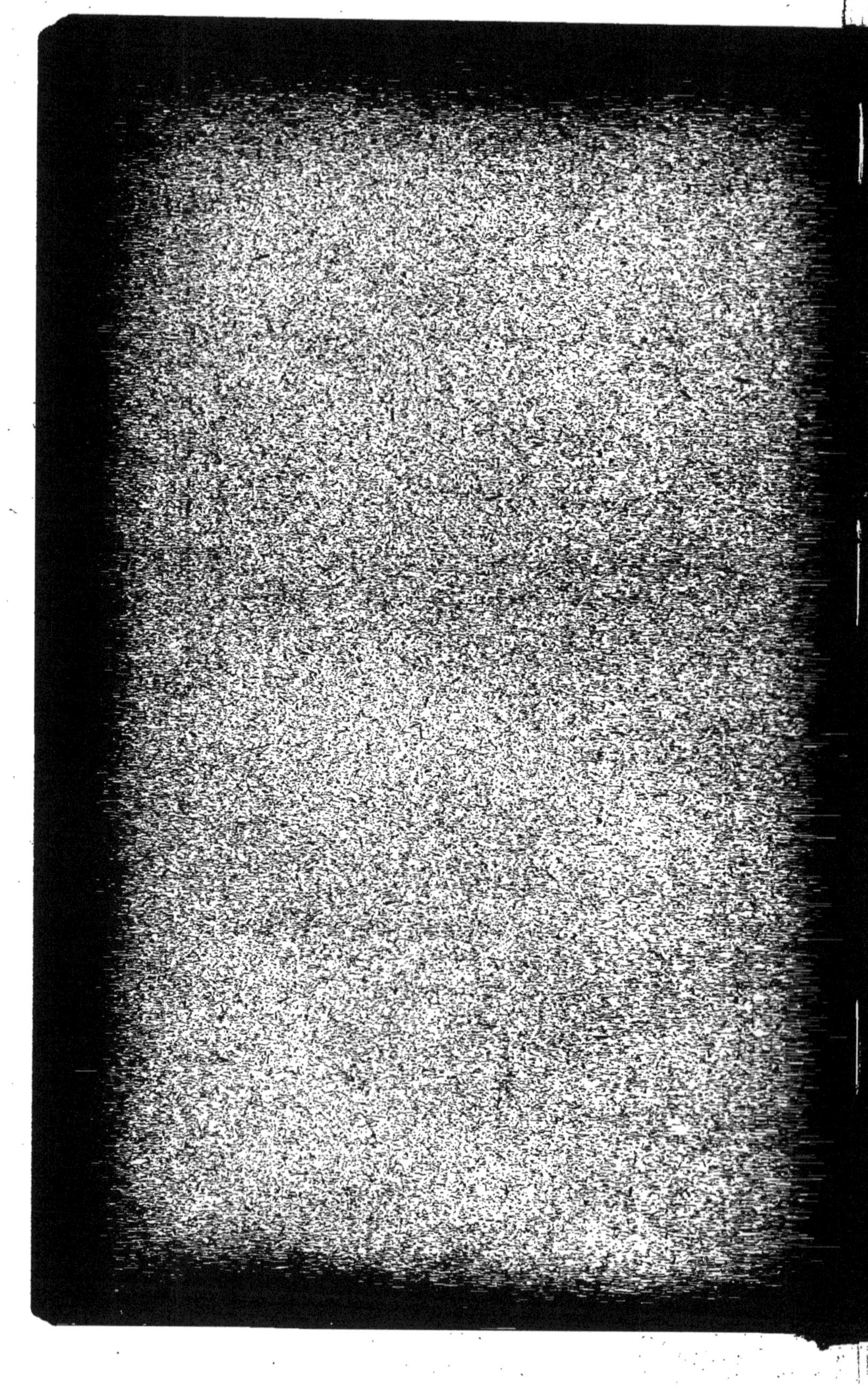

Ferrer

LA RÉVOLTE UNIVERSELLE

« Barcelone, 13 octobre. — Ferrer a été
fusillé à neuf heures du matin. »

Quand, le jeudi 14 octobre 1909, l'Europe
lut dans ses gazettes cette dépêche affreusement laconique, la stupeur fut générale. L'indignation suivit, profonde, énorme, durable.

En quelques heures, du vieux continent au
nouveau monde, un cri d'horreur et de colère
jaillit de toutes les poitrines. Depuis bien des
journées déjà, l'intellectualité universelle se
demandait, avec plus d'espoir que d'angoisse,
quelle décision définitive interviendrait de Madrid, pour faire suite à la sentence secrète du
conseil de guerre de Montjuich.

Personne ne croyait l'exécution probable.
Personne ne supposait possible le renouvellement, en plein vingtième siècle, de l'affreuse
aventure de Giordano Bruno. Personne n'aurait
osé croire, en dépit des crimes antérieurement
commis à Barcelone, que l'Espagne restaurerait, en 1909, sous le nom fosse Santa-Eulalia,
le sinistre et vénitien Campo de Fiore de 1598.

Paris, qui éleva des monuments à Coligny, au chevalier de la Barre et à Etienne Dolet, ne se contint plus. Cela n'aurait rien eu que de très normal pour qui connaît l'impressionnabilité extrême de nos faubourgs. Mais, cette fois, la révolte fut plus que populaire et mieux que parisienne : elle devint tout de suite unanime, internationale, universelle. Il faut conserver le souvenir de cette communion spontanée. Elle affirme que les idées généreuses de la réalisation desquelles, malgré nos efforts, il nous arrive de douter momentanément, font leur chemin, beaucoup plus vite que nous l'espérions. Elle peut atteindre mortellement le pessimisme de quelques-uns et elle frappe avec violence l'apathie obstinée des esprits tardigrades, plus nombreux qu'on ne l'imagine, — poids mort, la plus terrible entrave attachée aux efforts de la pensée contemporaine.

Ah ! la splendide fureur de Paris ! Pour quelle noble cause elle se déchaîna ! La belle page d'histoire pour le livre d'or des hauts faits de notre capitale !

Pour la première fois depuis longtemps, après tant de dissensions et de combats (et, par une aimable coïncidence, à l'heure précise où une ère de calme et de détente s'instaurait dans la vie politique française), tous les partis et toutes les classes, du haut en bas de l'échelle sociale, furent d'accord pour flétrir l'œuvre de mort, l'œuvre de basse police, de mesquine vengeance, d'impitoyable lâcheté qui venait, au mépris de cent avertissements, de mille initiatives généreuses, de tous les conseils et des plus émouvantes supplications, — de s'accomplir, là-bas, derrière les Pyrénées. Ne parlons ni des vociférations terribles venues des partis extrêmes, ni des menaces de représailles, ni des tentatives louables mais imprudentes qui se manifestèrent. Dans toutes les circonstances analogues, nos soldats de première ligne combattent avec violence et avec acharnement. Ils dorment sur la brèche et se réveillent à la moindre alerte. D'autres émotions plus lointaines sans doute ont une signification autrement considérable. Pour les résumer toutes, nous enchâsserons ici le feuillet de bronze sur lequel Paul Adam, — de qui la lucidité visionnaire embrasse à souhait l'universalité des connaissances humaines — traduit et synthétise, avec son sentiment personnel, l'état d'esprit de l'humanité tout entière après l'exécution de Francisco Ferrer.

Après avoir constaté l'existence de la formidable colère qui soulève toutes les races, germanique, slave, scandinave aussi bien que latine, le vigoureux auteur du *Mystère des Foules* déclare : « La réprobation se manifeste dans l'opinion de la bourgeoisie conservatrice elle-même. La presse anglaise tout entière invective contre l'exécution de l'apôtre, dans une patrie où le fait de pendre un homme n'a point, d'ordinaire, l'importance que lui al-

louent, d'ailleurs, des foules plus sentimen-
tales, une élite moins orgueilleuse, des « hon-
nêtes gens » moins rigoristes. Au reste, le
*colonel Arthur Lynch qui, dans les champs
boers, porta les armes contre les maîtres de
l'Irlande, s'il fut condamné à mort, obtint sa
grâce, puis sa liberté.* Demain, il siégera à la
Chambre des Communes. C'était là certainement un exemple pour les ministres espagnols
discutant la sentence qui frappait Ferrer. Il sied,
à Madrid comme à Londres, de respecter les
opinions les plus véhémentes lorsqu'elles expriment les idées nobles d'un Arthur Lynch
ou d'un Francisco Ferrer. *Notez que le colonel
des Irlandais proboers avait brusquement as-
sumé la responsabilité d'un acte grave, celui
de passer sous les drapeaux ennemis, au cours
d'une guerre très longue, très meurtrière, et
qui manqua de ruiner le prestige de la nation
la plus ferme en sa solidarité patriotique, la
plus inébranlable en ses traditions de conquête, celle même qui, lors des Congrès de la
Haye, avec l'Allemagne et le Japon, repoussa
dédaigneusement, contre l'unanimité des puissances, les mesures efficaces capables d'instau-
rer l'arbitrage international réel et obligatoire.
Pourtant, et à l'encontre de toutes ses lois, de
tous ses principes, l'Angleterre épargna la vie,
la liberté, l'apostolat d'Arthur Lynch,* donnant ainsi au monde une leçon de parfaite tolé-
rance à l'égard des convictions extrêmes,
même à l'égard des actes extrêmes, gestes di-

rects de ces convictions. Tant est devenu général et indiscutable le respect des existences qui servent l'évolution des idées, dans tous les sens. C'est pourquoi nul ne comprend le délire de vengeance qui s'est emparé des ministres espagnols. A Rome, à Paris, à Berlin, les plus irascibles se ruent vers les ambassades du Roi Catholique, protégées contre eux par les polices. Du sang coule... Des cadavres sont étendus sur les dalles des hôpitaux. Toutes les imprécations ressuscitent que Torquemada et ses Inquisiteurs ont justifiées dans les époques antérieures. Cette universalité de la fureur populaire montre combien, aujourd'hui, les foules et les élites pensent unanimement. Il suffit que l'influence télégraphique passe à travers les races les plus diverses, et elles prononcent aussitôt les mêmes paroles, elles impriment les mêmes phrases, elles prodiguent les mêmes gestes. Grande est la différence entre l'exaltation de ces jours-ci et la fièvre timide qui secoua quelques révolutionnaires, lorsqu'en cette même forteresse de Montjuich, furent torturés les libertaires de Barcelone, il y a une quinzaine d'années. De ce temps-là les protestations ne trouvaient où s'exprimer qu'en peu de feuilles anarchistes, éparses dans les capitales, et pourvues de lecteurs en petit nombre. Aujourd'hui, le maire de Rome promulgue un édit de blâme, le *Times* critique franchement, les gazettes prussiennes officieuses ne cherchent point d'excuses pour le forfait. Personne ou presque, ne pardonne l'absence de garanties judiciaires trop évidente dans le procès de Francisco Ferrer. Et l'on constate à la surface du monde civilisé la même stupeur, qui frappa les Européens, dès le moment où ils apprirent la manière dont avait été condamné le capitaine Dreyfus. C'est l'audace invraisemblable et pareille de cinq ou six officiers s'enfermant à huis-clos avec un homme, négligeant les témoignages de la défense, s'abstenant de prouver l'accusation, et déclarant de haut, que leur foi intime doit suffire pour décider de la vie ou de la mort. En notre temps, cette loi ne convainc plus. Les élites et les foules se rebellent avec raison. Elles exigent de la clarté. Elles veulent que les télégrammes leur exposent les arguments. Elles entendent dicter le verdict avec les juges, et sans qu'il puisse s'affirmer une divergence absolue entre elles et ceux-ci. Et c'est le droit de ceux qui travaillent, sur l'écorce de la planète, qui font mouvoir les machines, retentir les forges, grincer la plume sur les registres, courir les locomotives sur les rails, voyager le produit des fabriques, c'est le droit de tous ceux qui créent la force, la richesse et la gloire des peuples, en peinant. Nul d'entre eux ne peut être frappé sans que sa culpabilité soit reconnue, et selon les philosophies nouvelles. L'Empire de Russie ni le royaume d'Espagne ne peuvent échapper à ce contrôle. Il a fallu que le premier instituât son Parlement et que ce Parlement en vint à

fonctionner comme les autres. Il faudra qu'en
Espagne, aussi, soit modifié le régime de loi
martiale qu'on applique trop fréquemment.
Si, jusqu'à présent, le souverain put compter
avec les seules castes influentes du pays, aujourd'hui il faut s'expliquer avec l'opinion de
toutes les élites intellectuelles et ouvrières ré-
pandues sur le globe et qui s'unifient. La force
véritable ne réside plus dans les individus, ni
dans les castes. Elle appartient totalement à
l'opinion des groupes qu'en toutes capitales,
les démocraties investissent de leur autorité. Il
n'est plus de patries pour la Justice sociale. Les
magistrats parlent toutes les langues et siègent
sur tous les continents. Ils revêtissent les apparences du journaliste, du député, de l'orateur
qu'applaudit une foule frémissante dans une
salle de réunion publique. Et ces juges ne per-
mettront plus longtemps que le caprice de
quelques-uns tue, selon sa rage de l'heure, les
prophètes de la Cité future ouverte à toutes les
libertés d'expression... L'indépendance des esprits, leur droit au prosélytisme, voilà les deux
caractères de l'époque démocratique en laquelle, et *parallèlement*, toutes les forces de
l'humanité doivent pouvoir se développer, se
comparer, s'amender par suite de cette com-
paraison, et devenir, ainsi, une perpétuelle
transformation de l'aise moindre en aise meilleure. C'est cela que réclament les élites et les
foules en fureur sur le monde depuis l'inique
exécution de Francisco Ferrer. Les bourreaux

sont jugés par les forces unanimes (1). »

C'est bien là, en effet, la signification des gestes qui se multiplient de toutes parts. Nous écrivons cet ouvrage, sans retard, sur le fait, précisément pour que ce premier beau cri de l'humanité nouvelle ne s'éteigne pas tont de suite, dispersé dans les feuilles enclines, malgré leur bonne volonté, à présenter les faits sous le jour qui est le plus dangereux aux opinions qu'elles défendent et vouées — par la fragilité de leur composition, par leur présentation incommode, lorsque les flammes de l'actualité n'éclairent pas leurs colonnes compactes, trouées, depuis quelques années, de titres gigantesques, (à l'américaine !) — à une destruction beaucoup plus rapide que celle du livre.

Expliquons-nous tout de suite et nettement sur nos intentions.

Nous écrivons sans haine et sans parti-pris.

Nous nous efforçons d'apprécier les événements avec impartialité, dans le recul des quelques journées qui nous séparent d'eux. Nous voulons faire un portrait exact de Ferrer, courageux éducateur de la jeunesse, en le montrant tel qu'il nous apparut, avec ses défauts et ses qualités. Nous ne cherchons pas à glorifier à tout prix sa mémoire.

Nous ne voulons pas plus faire œuvre de propagande anticléricale, mais nous laissons au clergé la responsabilité qu'il assuma. Nous

(1) PAUL ADAM. *La Démocratie sociale : Les Forces unanimes.*

FRANCISCO FERRER ET SOLEDAD VILLAFRANCA.

n'attaquerons systématiquement ni les juges
qui condamnèrent, après un simulacre de procès, ni le gouvernement qui a réclamé la tête
de l'innocent, ni le souverain qui n'a pas
esquissé le geste de grâcier, alors qu'à défaut
d'autres raisons, son intérêt bien compris lui
commandait de le faire.

Mais nous ne tairons pas notre indignation
devant une procédure par trop simpliste, ne
permettant pas à un accusé de se défendre
librement, de citer ses témoins et de les faire
entendre au grand jour de l'audience. Nous
n'avons pu admettre que la sentence rendue
ait été tenue secrète, jusqu'au moment où le
condamné devait « entrer en chapelle » — soit
quelques heures seulement avant l'exécution.

Nous nous éléverons contre les tortures morales que l'on fit subir à Ferrer avant de le
livrer à ses bourreaux et nous ne réprimerons
pas les tressaillements de nos âmes à la pensée
qu'un être humain a pu, de nos jours, être
privé de la vie pour un pur délit d'opinion.

Enfin, nous essaierons de donner des clartés
sur la question Catalane et sur les partis politiques catalans car, en France (hormis de rares
spécialistes) l'opinion, — même celle de certains leaders des partis sympathiques à la
cause — ignore tout ou se crée des idées fausses... par la faute des politiciens catalans eux-
mêmes.

A défaut d'autre mérite, notre œuvre aura
celui de restituer aux historiens futurs les ca-

ractères essentiels de l'agitation présente. —
Nos oreilles bourdonnent encore des clameurs
de la multitude ruée à l'assaut de l'ambassade
espagnole et du grondement de l'imposante manifestation qui, le 17 octobre 1909, forte de cent
mille personnes, se déroula sincère et terrible-
ment calme, à travers les boulevards sonores
du Paris des dimanches.

Les jours précédents, la protestation mon-
diale ne cessa pas de s'élever de toutes parts,
hors de Paris, hors de France, hors d'Europe
et jusque dans l'Empire russe — l'Empire
russe, monstruosité ethnologique qui ne peut
garder son intégrité (pour combien de temps
encore ?) qu'au prix d'une coercition inces-
sante et trop souvent barbare. (Le tsarisme,
néanmoins, s'abstient de toucher à la personne
de Tolstoï.) Le pape lui-même, l'incapable et
sincère Sarto songea, un instant, dit-on, à in-
tercéder pour Ferrer. C'eut été faire un
geste conforme aux préceptes de la charité
évangélique. Mais l'ambassade d'Espagne auprès du Saint-Siège — et le cardinal Merry del
Val n'est sans doute pas étranger à la réserve
de Pie X. — empêcha le brave maraîcher qui
règne au Vatican, par le hasard d'un vote scandaleux, d'exécuter son louable projet. L'Escurial tenait visiblement à encourir devant l'Histoire, avec le Vatican, la responsabilité d'un
crime que rien, jamais, ne pourra faire suffisamment expier. C'est mieux ainsi. La situation est plus claire. Entre tout l'avenir riche de

bonne volonté, d'espoir, de sincérité et le passé cramponné désespérément à ses erreurs voulues, à ses perfidies séculaires et à ses appétits criminels de domination, il ne peut plus rien y avoir de commun.

... 13 octobre 1909 ! Cette date lugubre s'est inscrite en éclaboussures sanglantes sur le front du jeune roi d'Espagne, fin-de-race docile à ses ministres et soumis aveuglément à sa mère, laquelle ne cessa jamais d'être la servante des jésuites. Contre la cruauté des disciples de Loyola, la générosité du monde entier devait se briser. Mais la révolte internationale brisera peut-être, quelque jour, un ordre et une horde d'esclaves avides et de tortionnaires sournois.

Elle déborda le jour même, l'indignation du monde ! Souvenons-nous.

A Rome, la grève générale fut, en manière de protestation, décidée quelques heures après l'exécution. Cinquante mille ouvriers chômèrent. Le syndic (maire) fit placarder cette proclamation :

« Citoyens,

« Rome s'associe au deuil qui frappe le monde civilisé par la mort de Francisco Ferrer. Le meurtre du penseur, de l'apôtre de l'École moderne est une offense à la sainteté de la vie humaine, à la liberté de conscience, au progrès civil en lutte contre la réaction.

« *Rome qui a reçu le sacre de la liberté de conscience et du progrès civil élève la voix contre la barbarie de cet acte.*

« *Que cette affirmation de vos représentants soit l'expression de votre sentiment ; que la manifestation calme, digne, solennelle de la population serve à entourer d'une auréole le martyr dont le sang rendra féconde l'idée pour laquelle il a vécu et pour laquelle il est mort.* »

À Milan, un cortège se forma. A Naples, un meeting fut tenu. Des réunions eurent lieu à Vérone, à Cortena, à Bologne, à Gênes, à Florence, à Pérouse. Partout, en Italie, des pamphlets anticléricaux couvrirent les murailles, des prêtres furent malmenés, toutes les associations démocratiques mirent leurs pavillons en berne, les journaux ne parurent pas ; à Pise, les boutiques se clorent en affichant l'avis : *Fermé pour cause de deuil universel* ; l'église de Santa-Croce de Jérusalem fut saccagée ; à Milan, le conseil municipal monarchiste ordonna la mise en berne du drapeau ; à Livourne, les paquebots espagnols connurent le boycottage ; à Bergame, une souscription s'ouvrit pour ériger, en face du Vatican, un monument à Ferrer. Le consul d'Espagne à Milan, M. Broca, imitant, d'ailleurs, vingt de ses collègues des autres villes, envoya sa démission au gouvernement de Madrid. A la Chambre des Députés, un projet de loi d'expulsion fut déposé contre les Jésuites. Dans la catholique Belgique, le drapeau noir flotta sur toutes les

maisons du peuple du bassin de Charleroi ; à
Bruxelles, *le Peuple* imprima, dans une édition
spéciale : « Nous redoutons bien qu'en refusant de signer l'arrêté qui devait garantir l'existence de Ferrer, Alphonse XIII n'ait signé sa
propre condamnation à mort », et là, comme
à Paris, comme à Rome, comme partout, il
fallut que la police protégeât les ambassades,
où la foule voulait lacérer et maculer l'étendard
royal. A Anvers, la Fédération des sociétés coo-
pératives décida le boycottage des produits espagnols et porta la question devant l'Alliance
coopérative internationale. En Autriche, les
ouvriers des chantiers de constructions mari-
times et du port libre de Trieste quittèrent l
travail ; à Vienne, l'*Extrablatt* et l'*Arbeiter
Zeitung* qualifièrent l'exécution de « Meurtre
judiciaire » et prédirent à l'Espagne une catas-
trophe prochaine ; à Prague, les associations
libérales tchèque et allemande manifestèrent à
plusieurs reprises ; à Budapest, la foule protesta bruyamment ; à Fiume, la principale voie
de la ville fut baptisée du nom de Ferrer, comme cela s'était déjà fait à Ravenne, à Rome
et dans cinquante-sept villes du monde.
En Russie deux mille étudiants de Saint-Pétersbourg adoptèrent une véhémente résolution
en faveur du martyr — résolution qui fut
adressée à l'ambassade d'Espagne et aux autorités ; — les journaux commentèrent librement et violemment l'exécution. En Portugal,
l'hôtel de ville de Lisbonne mit son drapeau en

berne. En Angleterre, des meetings « mons-
tres » firent écho aux protestations de la presse
— parmi lesquelles il sied de retenir celle du
Morning Leader, publiant que « le *meurtre de
Ferrer* est le début d'un drame dont la suite
se déroulera à Madrid » — et surtout celle du
Times déplorant, avec sa très grande compétence, que dans le procès de Ferrer, les autorités
espagnoles « aient négligé les formes les plus
élémentaires de la justice ». L'Allemagne ne fut
pas moins énergique. Les quotidiens attaquè-
rent vigoureusement le ministère espagnol. Le
Vossische Zeitung, organe traditionnel de la
bourgeoisie libérale berlinoise, déclara que
Ferrer pouvait vivre paisiblement à Londres,
mais qu'il préféra payer de sa personne et que
« son œuvre lui survivra » ; le *Worwaerts* affirma : « La soif du sang du clergé espagnol, ter-
rifié par les attentats de Barcelone, réclame de
nouvelles exécutions. L'Eglise veut faire ré-
gner sur l'Espagne un silence de cimetière »
et le *Berliner Tageblatt* imprima, dans un article qui, s'il s'était agi du gouvernement alle-
mand, eût constitué *un crime contre la sûreté
de l'Etat* : « *L'arbitraire du régime qui existe
actuellement en Espagne a justifié pleinement
les tentatives révolutionnaires*. En présence de
pareils actes de force, il existe parfois une solidarité réconfortante entre tous les peuples civilisés qui, alors, s'élèvent unanimement contre
les auteurs de ces actes ». D'autres feuilles
intitulèrent leurs « leaders » : *Un assassinat*

judiciaire en Espagne. Dans l'Amérique du Sud, les corps de métiers de Montevideo abandonnèrent le travail, dès que la tragique nouvelle fut connue ; des milliers de manifestants parcoururent les rues en chantant la *Marseillaise*; les églises durent être protégées par la police ainsi que l'ambassade ; à Buenos-Ayres, grèves, meetings, manifestations dans la rue, chant de *l'Internationale*, projet de boycottage des vapeurs et des produits espagnols...

Mais à quoi bon poursuivre cette énumération qui ne finirait plus ? Les feuilles nous apportent d'heure en heure la nouvelle de manifestations récentes qui se produisent absolument partout, même parmi les nations les plus opprimées, même parmi les peuples les plus réfractaires à toute agitation. A Genève, des cortèges entrent en collision avec la gendarmerie, qui fait, à regret mais énergiquement, son devoir international en défendant le consulat d'Espagne ; à Bruxelles, on se souvient avec éclat des comtes d'Egmont et de Horn, martyrisés au XVIe siècle par l'Inquisition ; à Prague, on décide qu'une plaque commémorative sera apposée dans la salle où Ferrer discourut en 1907 ; à Madrid même, dans ce pays de barbarie, de censure et de mensonge qui vit dans une perpétuelle terreur, le capitaine général Primo de Riviera présente sa démission d'inspecteur général de l'armée espagnole ; à Bastia (Corse), le consul d'Espagne Pierangeli, oncle du député de la circonscription, agit de

même ; M. Mahieu, maire à Cherbourg, imité
en cela par plusieurs grands dignitaires italiens
et autres, renvoie à l'ambassadeur del Muni,
les insignes de commandeur d'Isabelle-la-Ca-
tholique, qu'il tenait des mains mêmes d'Alphonse XIII ; de Paris, l'éminent savant C.-A.
Laisant adresse sa démission de membre de l'A-
cadémie Royale des sciences de Madrid, en
déclarant tout net qu' « il ne peut plus désor-
mais y avoir rien de commun entre la monarchie espagnole et la conscience d'un honnête
homme » ; à Vienne, le docteur Adler, fait, à
la mairie, le panégyrique de Ferrer, et sept
mille auditeurs l'acclament ; en France, dans
toutes les villes de province, meetings, cortèges, clameurs, protestations devant les consu-
lats, etc., se succèdent, se mêlent, s'exaspèrent
comme partout et mieux que partout, — car
notre pays a l'honneur et la gloire d'être toujours à l'avant-garde des initiatives généreuses
et d'arriver toujours le premier aux étapes du
progrès, — à Lille, Cannes, Orléans, Reims,
Moulins, La Rochelle, Montpellier, Limoges,
Albi, Nice, Marseille, les élus du peuple,
sénateurs, députés, maires, paient de leur
personne ; on vote des statues à Ferrer dans
toutes les régions du monde ; on lui dédie des
rues ; les plus célèbres écrivains publient,
comme les savants, comme les politiciens,
comme les multitudes, leur indignation. Anatole France télégraphie ; les avocats qui avaient
clamé contre la sentence font retentir les voûtes

de notre Palais de justice de leurs protestations ;
le bon poète Maurice Bouchor lance *Aux Assassins de Ferrer* cette virulente apostrophe où
tous les mots claquent comme des gifles :

Roi, ministres, prêtraille, opprobre de l'Espagne,
Auprès de qui sont purs tous les forçats du bagne,
Massacrer des vaincus ne vous a point suffi :
Dans une parodie infâme de justice,
Vos valets ont marqué Ferrer pour le supplice,
Jetant au monde entier un atroce défi.

C'est fait. Il a subi la funèbre veillée
Près des moines par qui sa vue était souillée ;
Les balles ont brisé le beau front du penseur,
Et sur vous rejaillit le sang de votre crime...
Vous jugeant à son tour, votre calme victime
Vous regarde avec une implacable douceur.

Déjà le châtiment plane sur votre tête.
Puisse-t-il, dans un jour de rapide tempête,
Emporter votre abjecte et lâche royauté !
Inquisiteurs, bourreaux, assassins, prenez garde :
Vous ne tarderez pas à voir, foule hagarde,
Du sang de nos martyrs surgir la Liberté.

Un seul grondement formé par des millions
de grondements jaillit qui s'enfle de minute en
minute. Il ne s'éteindra plus. Il est consolant
de l'entendre enfin s'élever des républiques et
des empires, des royaumes et des duchés. Nous
ne l'avions pas encore vu monter avec cette
vigueur et cette unanimité. C'est la seule consolation que tous les libres esprits puissent avoir
en cette circonstance atroce : la Péninsule Ibé-
rienne est l'ultime refuge de l'obscurantisme et
du régime inquisitorial, qui subsistent encore
opiniâtrement, parmi les pays civilisés — et
cela grâce aux derniers représentants de l'o-

dieuse lignée de Ferdinand VII, père de la
reine Isabelle, grand'mère d'Alphonse XIII, —
Ferdinand VII qui rétablit les bûchers sur tout
le territoire de son royaume ! Comment ce qu'il
reste de sain, d'humain, de bon dans cette
Église qui prétend soutenir ainsi la cause du
Christ, ne réagit-il pas contre de pareils crimes et s'obstine-t-il à conserver quelque illu-
sion ? Qu'importe ! Pour tous les esprits luci-
des, pour toutes les consciences droites, pour
toutes les générations qui se lèvent et qui se
lèveront derrière nous, Francisco Ferrer est et
il demeurera, pour appliquer à notre usage une
expression célèbre, le plus terrible de « ces
saints qui jamais ne se sont tus ».

FRANCISCO FERRER INTIME

Francisco Ferrer naquit en 1859 à Alella — et non *Abella* comme on l'a tant imprimé à tort — bourgade sise à six lieues de Barcelone. Il appartenait à une famille de vignerons, métayers et petits propriétaires jouissant d'une certaine aisance. Il reçut une éducation très catholique. Que furent les premières années de son existence ? Vraisemblablement elles s'écoulèrent paisibles et monotones entre les vignes où il travaillait la semaine et l'église où il accompagna longtemps sa grand'mère, le dimanche.

D'une intelligence remarquable et d'un caractère indépendant et énergique, il se plia mal à la discipline sévère du travail des champs, compléta son instruction seul, autant que faire se put, fut rapidement en désaccord avec ses parents, terriens et traditionnalistes rigides et, en 1879, à vingt ans, se proclama républicain avec tant d'ardeur et de sincérité qu'il dut s'éloigner des vignes d'Alella et quitter la maison paternelle.

Il aurait pu connaître tout de suite la gêne.

Son destin le favorisa. Il devint inspecteur des chemins de fer. Cette situation, satisfaisante pour un jeune homme de cet âge lui assurait un avenir calme, exempt de soucis matériels et de tracas moraux. Or, le caractère de Ferrer lui interdisait de s'enfermer ainsi dans un égoïsme quiet. Ne considérant son emploi que comme un pis-aller nécessaire pour lui assurer la « matérielle », grâce à laquelle il pouvait travailler mieux à faire triompher l'idéal qu'il portait en lui-même depuis toujours, il se mêla activement et sans tarder à la vie politique.

Il prit part à la tentative insurrectionnelle de Santa-Colonna de Farnès, suivit le mouvement dirigé par le général Villacampa et, après l'échec de ce mouvement, vint se réfugier en France, à Paris. Il y remplit les fonctions de secrétaire auprès de Ruiz Zorrilla, chef du parti républicain (1834-1895).

Il fallait vivre, car Zorrilla ne pouvait pas rétribuer le travail de Francisco. Avec cette bravoure qui ne devait jamais l'abandonner, pas plus devant les difficultés matérielles que devant le canon des fusils convergeant vers son visage, il s'occupa d'affaires très diverses. Il se fit placier en vins, revint même en Espagne où il vécut momentanément de la vie de bohème, à Madrid en particulier, puis il découvrit sa voie. Il décréta qu'il serait professeur.

Ayant souffert très jeune de son manque de culture, ayant, grâce à la profondeur de ses convictions et à sa volonté d'acier, — malgré l'hostilité de ses concitoyens embourbés dans une routine et une ignorance séculaires, malgré la résistance de sa famille et malgré les cent avatars de la misère, — réussi à combler les lacunes de son instruction première, il voulut partager ce qu'il savait avec ses compatriotes. La bonté fit de lui un excellent pédagogue, un éducateur de tout premier ordre, — un apôtre de l'instruction laïque.

Il ne put pas songer longtemps à exercer dans sa malheureuse patrie.

Entre toutes les villes intellectuelles, Paris l'attirait. Il y revint.

On le vit alors professeur au *Cercle populaire d'enseignement laïque*, où MM. Bourgeois et Lédrain l'admiraient fort, à l'*Association philotechnique*, puis au Grand-Orient, rue Cadet, (pourquoi ne l'a-t-on pas rappelé ?) où il enseignait, en 1897, tous les soirs. Il donnait aussi des leçons particulières qui lui permettaient de vivre modestement.

Si peu qu'il eut de numéraire, Ferrer trouvait qu'il en possédait trop. Cet homme dédaigna toujours, en définitive, dans la vie, tout ce qui n'était pas sa pensée, tout ce qui ne touchait pas au triomphe de son idéal d'enseignement. C'est ainsi qu'il ne prenait, à cette époque, qu'un seul repas par jour. Certains habitués de la modeste table d'hôte Blond, rue du Faubourg-Montmartre, se souviennent sans doute encore de ce convive, moyen de taille, nerveux en diable, aux yeux inou-

bliables, des yeux de houille luisante sous le
soleil. Avec sa barbe taillée en pointe, ses cheveux coupés en brosse, sans souci de caractère
ni d'élégance, il laissait une impression de
force tranquille mais opiniâtre et de finesse
psychologique. Il ne prenait qu'un repas par
jour, donc. La dépense du dîner qu'il évitait
permettait à ce pauvre de distribuer des secours
à ses compatriotes plus indigents que lui. Il y
a beaucoup d'hommes, parmi les émigrés
espagnols à Paris, qui durent souvent leur déjeuner au silencieux dévouement de Ferrer.

Au reste, les leçons affluèrent vite, car le
dernier martyr des Jésuites se révéla, dès qu'il
parut, comme un professeur exceptionnelle-
ment doué. Sa voix forte, un peu rauque, —
un peu catalane, — portait loin et bien. Il
s'exprimait avec abondance et facilité. Puisant
ses sujets de cours dans les œuvres d'écrivains
de progrès, tels que Reclus, qu'il admirait
beaucoup, il savait mieux que personne faire
comprendre et faire retenir ses démonstrations.

Il habitait alors un logement de deux pièces,
pour un loyer de 420 francs par an, 47, rue
Richer. C'est là qu'il écrivit une méthode très
appréciée : l'*Espagnol pratique*, qui, éditée
par Garnier, le fit connaître d'un public français très choisi.

C'est par ce volume qu'il entra en relations
avec Mlle Ernestine Meunier.

Nous ne pouvons pas ne pas protester ici,

avec la plus violente énergie, contre l'attitude
prise après la manifestation pacifique du dimanche 17 octobre 1909, par quelques partis
politiques français. Il est honteux, pour ne pas
employer une expression plus vive, que grâce
à des intérêts particuliers mesquins, pour de
basses besognes électorales, par crainte de
scrutins prochains, quelques hommes aient
tenté d'avilir la mémoire sans tache du fondateur de l'*Ecole Moderne*, — et cela dans le but
d'influencer l'opinion universelle noblement et
justement soulevée, — dans l'espoir d'endi-
guer le formidable courant d'idées qui passe
sur le monde civilisé tout entier. Nous ne nom-
merons aucun parti, aucune personnalité.
L'œuvre présente veut planer au-dessus de tout
cela. Elle ne s'abaissera pas aux polémiques.
Cependant, il est équitable que nous fassions
taire les inconscients et que nous dispersions
les chacals acharnés sur ce glorieux cadavre.

Les rapports de Ferrer et de sa famille ne
devraient pas intervenir dans notre travail.
Nous avions dessein de laisser ces menuailles
dans l'ombre. Nous ne le pouvons plus, puisque de stupides légendes se forment sournoi-
sement autour de cette grande mémoire. Les
documents sont rares, les renseignements faus-
sés ; l'avenir, qui ne peut souvent que se rési-
gner à admettre des opinions moyennes, nous
dicte d'expliquer ce que personne n'a pu ou ce
que personne n'a voulu expliquer encore.

Glissons sur les situations respectives de

Francisco Ferrer et de sa femme. Peu nous chaut qu'on dise, comme on l'a fait, que Mme Ferrer, reprise toute entière par sa foi religieuse, abandonna son mari pour ne pas associer plus longtemps sa destinée à celle d'un homme nettement libre-penseur — ou que la sympathie admirative, témoignée par Mlle Meunier à son professeur, alarma Mme Ferrer, qu'il y eut des scènes violentes entre les époux — ou, encore, qu'ayant essuyé un coup de revolver de la part de son épouse, le fondateur de l'*Ecole Moderne* refusa de donner à l'incident les suites judiciaires qu'il comportait. Toutes ces narrations nous indiffèrent. Elles n'entament pas la réputation de Ferrer. Nous le constaterons bientôt.

Nous savons que Ferrer et sa femme se séparèrent d'après la loi française, — car le divorce est interdit en Espagne. Et nous nous rappelons que, lors du procès Morral, en 1907, Mme Ferrer voulut faire entendre son témoignage en faveur de son ancien mari. Cela nous suffit pour l'instant.

Mais nous allons immédiatement déchirer tous les voiles qu'on s'est complu à jeter sur l'origine de la fortune de Francisco Ferrer.

Ce point élucidé, le seul vraiment qui aurait eu quelque chance, grâce à la pénurie des informations journalistiques, (pourtant plus nombreuses en général, que rigoureusement exactes) de demeurer douteux, nous serons plus libres de ne nous occuper que de l'œuvre de

Photo World's Graphic Press.

ARRIVÉE DE FERRER A LA PRISON MODÈLE.

21, Boul[evar]d St. Martin.
Paris le 5 Novembre 1907.

Mon cher ami,

Je regrette bien de ne m'avoir pas trouvé à Barcelone lorsque vous y êtes arrivé pour me voir et voir l'Ecole Moderne. Il est vrai que je n'aurais pu vous montrer que les locaux vides et les salles désertes. Le gouvernement espagnol ne veut permettre à aucun prix l'enseignement rationaliste malgré les lois ou l'autorisent. En cela les pouvoirs publics nous donnent l'exemple de ce que le peuple doit faire lorsqu'il se trouve gêné.

L'attitude gouvernementale nous prouve aussi que nous avons raison de chercher l'émancipation humaine par l'éducation, rien que par l'éducation. Si nous n'en étions pas convaincus depuis longtemps, il suffirait de voir la rage avec laquelle nous sommes persécutés, et tout l'intérêt que les réactionnaires ont à discréditer notre système et consciemment, pour nous encourager dans la voie que nous nous sommes tracée.

Je vous félicite donc, mon cher ami, de l'avoir aussi aimée toujours et vous envoie un beau fraternelle poignée de main.

[signature]

l'immortel Fusillé, de la valeur et de l'avenir
de ses idées — et de l'infamie que le gouvernement de M. Maura n'hésita pas à accomplir.

FERRER ET MADEMOISELLE ERNESTINE MEUNIER

M. Meunier père incarnait, dans la vie contemporaine, un des héros bourgeois chers à la plume de Balzac. Qu'il nous suffise de dire que cet entrepreneur honorable, laborieux et prudent, s'était enrichi dans le « bâtiment », pendant la construction du nouveau Paris sous Napoléon III. Il laissa, jusqu'au jour de sa mort inclusivement, sa femme, ménagère très souple et très bonne, et sa fille, qui devait devenir l'élève de Francisco Ferrer, dans l'ignorance absolue de son état de fortune.

La famille vécut assez médiocrement, Madame faisant la cuisine et Mademoiselle vaquant aux soins du ménage, jusqu'à l'heure où l'ouverture du testament de feu M. Meunier apprit à ces dames, littéralement médusées, que leur fortune s'élevait au chiffre fabuleux de trois millions de francs... et plus.

Or, Mlle Ernestine Meunier adorait la musique et les langues vivantes. Elle avait aussi — et sa mère avec elle — le grand désir de voyager, la nostalgie d'horizons fabuleux et de

paysages célèbres qui sommeillent dans le cœur
de tout petit bourgeois. Mlle Ernestine Meunier
rêvait, dès son enfance, de l'Italie et de l'Espagne. Elle put satisfaire ses goûts refrénés jusqu'alors.

Le luxueux appartement occupé par la mère
et la fille, rue Ventadour, eût ses murs couverts
de portraits de grands musiciens italiens. Une
harpe et deux pianos attendirent les doigts de
Mlle Ernestine Meunier, virtuose distinguée,
excellente polyglotte et, aussi, pour tout dire,
catholique pratiquante — au sens que les
mondains attachent à ces mots.

Paris, toujours Paris, cela devint monotone,
aussi monotone que l'existence menée, depuis
leur nouvelle situation, par les deux femmes.
Accoutumées à leur simplicité de naguère, elles
n'osaient encore, en effet, que des déplacements
timides et de courte durée. Le désir du long
voyage l'emporta sur leurs habitudes. Mère et
fille partirent un jour pour l'Italie.

Riches, elles voyagèrent en riches. Ce fut
magnifique, salutaire et charmant.

Il se trouva que, pendant leur séjour à Milan,
elles apprirent la nouvelle du lancement de
bombe, fait par l'anarchiste Henry, rue des
Bons-Enfants. Cet attentat impressionna les
deux femmes au delà de toute expression. Tellement, qu'inquiètes de l'état des esprits si-
gnalé et commenté par les quotidiens, elles décidèrent, d'abord, de demeurer en Italie un temps
indéterminé puis, le charme du cadre les pre-

nant avec plus de force, d'y acquérir des immeubles. Elles en possédèrent bientôt plusieurs. L'un d'eux — détail — était alors occupé par l'*Eden-Théâtre*.

Pendant tout ce voyage, une seule aventure
leur advint, mais cette aventure dura. Elles
rencontrèrent M. Coppola, homme habile, à
qui, malgré son mérite certain, la fortune n'a-
vait pas encore souri, mais qui, lui, de concert
avec sa vaillante épouse, souriait inlassable-
ment aux chalands dans sa modeste boutique
de marchand de bibelots et de cartes postales.

Que faire à l'étranger à moins que l'on ne
jase ? Mme et M. Coppola jasèrent avec Mlle
et Mme Meunier. Tant et si bien qu'à quelque
temps de là, les deux voyageuses françaises,
séduites par les qualités nombreuses des deux
commerçants italiens, chargèrent l'honorable
M. Coppola de gérer les immeubles qu'elles
possédaient depuis peu à Milan. Et Mme Meunier fut tellement satisfaite des services de son
gérant qu'elle lui demanda bientôt d'adminis-
trer de même sa fortune tout entière et celle de
sa fille.

M. Coppola prit à cœur sa besogne. Investi
de la confiance absolue des deux dames, il remplit ses nouvelles attributions avec un ordre,
avec un soin et avec une habileté remarquables. Son front démesuré, en hauteur, un immense front de savant bénédictin, et son visage
impressionnant de grand inquisiteur publiaient
à présent que le sort avait été bien injuste en

ne donnant pas plus tôt à l'intelligence de M. Coppola la possibilité de se manifester dans une œuvre digne d'elle.

Mme Meunier mourut. Sa fille, obéissant d'une part aux dernières volontés de sa regrettée mère et, d'autre part, très heureuse, dans sa passivité d'intellectuelle ennemie des réalités brutales, de pouvoir compter sur les services de M. Coppola, pria ce dernier de continuer ses fonctions de gérant d'immeubles et d'administrateur financier. Mais son lyrisme d'artiste, de catholique, et toutes ses nobles aspirations de demoiselle obstinément réservée et contenue, sa générosité de féministe par inclination naturelle, sa pieuse charité, son amour des voyages et des fantaisies coûteuses lui firent parfois commettre des dépenses telles que M. Coppola, conscient de son devoir, fut obligé de lui adresser des remontrances pour éviter une dilapidation partielle de la fortune acquise par M. Meunier et conservée jusque là intacte avec un soin jaloux.

Mlle Ernestine, reconnaissant le bien-fondé de ces reproches, qui se renouvelèrent à plusieurs reprises, mais incapable de modifier son caractère tout de primesaut, désira posséder un capital autonome. Elle vendit à une congrégation (à l'insu du vigilant M. Coppola), des terrains de construction, jusqu'alors improductifs qu'elle possédait à Paris. Elle se trouva ainsi en possession d'un capital de 75.000 francs environ, immédiatement converti en obligations de chemins de fer, — capital dont elle put disposer à sa guise sans encourir de reproches — légitimes d'ailleurs.

A cette époque, Mlle Meunier, qui commençait à prendre de l'âge, fut, encore plus souvent qu'elle ne l'avait été du vivant de sa regrettée mère, demandée en mariage. Contente de sa vie confortable mais modeste, et craignant toujours, plus que tout, qu'on ne lui demandât sa main, par intérêt plutôt que par amour, elle évinça tous les prétendants. Elle mourut demoiselle mais libre, respectée, — aussi heureuse qu'on peut l'être lorsqu'on vit seule au monde.

L'Italie, qu'elle connaissait aussi complètement qu'il est possible, l'intéressa bientôt moins. Elle tourna ses regards vers l'Espagne, patrie élue du catholicisme et de l'art ; choisit en conséquence un professeur espagnol capable de lui faire étudier très csomplètement non seulement le langage usuel qu'elle possédait assez bien, mais encore la littérature, l'art et les idées d'outre-Pyrénées.

Elle appela Ferrer.

Très longtemps, entre le professeur et l'élève, la glace ne fut pas brisée, mais d'année en année, une sorte de familiarité très discrète de part et d'autre s'établit entre cette quinquagénaire et son professeur. Celui-ci avait, à cette époque, environ quarante-cinq ans.

Mlle Meunier admirait profondément le talent et la valeur morale de Francisco Ferrer.

Elle l'admirait en demoiselle âgée, victime malgré tout de son éducation première, sans renoncer ni à aucune de ses croyances, ni à aucun de ses préjugés de jeunesse.

Dans les conversations que Ferrer eut avec elle, il plaça devant l'esprit émerveillé de l'excellente femme des horizons nouveaux. Elle était déjà catholique et féministe lorsqu'elle pria le fondateur de l'Ecole Moderne de lui donner des leçons ; elle ne fut pas, malgré sa religiosité, l'adversaire de Dreyfus — on était alors en pleine affaire — et le jour où elle acheva la lecture du *Travail* de Zola, elle se proclama « dreyfusarde », avec la véhémente sincérité qui constituait un des caractères distinctifs de sa personnalité morale. Lancée dans cette voie, qui convenait merveilleusement à ses aspirations vers plus de bonté et vers plus de beauté, elle ne s'arrêta plus.

Très souvent, elle avait questionné Ferrer sur l'avenir de l'Espagne. Ce dernier, toujours fidèle à son idéal de laïcité, lui avait exposé ses idées personnelles, sur la régénération possible de son malheureux pays par des méthodes pédagogiques en accord avec tous les progrès réalisés par notre époque. Il faudrait ne jamais l'avoir entendu pour ne pas se remémorer avec quelle noble passion il exposait ses conceptions pour le triomphe desquelles il a donné son sang, et quel enthousiasme le saisissait, lorsqu'il évoquait les résultats possibles et probables. Son désir constant avait toujours été de

fonder dans la péninsule des écoles conformes
à ses idées. Il parla de cela, au cours de ses
conversations avec Mlle Meunier, comme il en
avait parlé et comme il en parlait sans cesse à
tous ceux qui l'approchaient.

Un jour, son élève s'enquit :

— Pour réaliser votre belle idée, M. Ferrer,
de quelle somme croyez-vous qu'il faudrait disposer ?

Ferrer répondit textuellement :

— Je crois qu'avec douze mille francs par
an, on pourrait fonder une école modèle.

Et la conversation divergea.

A quelque temps de là, Mlle Meunier apprenait à Ferrer, avec un bon sourire, qu'elle venait d'assurer, par une clause nouvelle ajoutée
à son testament, l'avenir de son projet scolaire.
Elle lui léguait en viager un capital produisant
12.000 francs d'intérêts. Ce fut une grande joie
pour le professeur. Il souhaita seulement n'entrer en possession de ce legs que le plus tard
possible.

Des années passèrent.

En 1901, durant un séjour qu'elle fit en Riviera, à Nice et à Menton, Mlle Meunier con-
tracta une grippe infectieuse. Ramenée à Paris
d'urgence et dans un état très inquiétant, elle
succomba le 2 avril.

Alors se produisirent deux incidents. Le premier, pour être assez fréquent, demeurera toujours d'un comique savoureux.

Une légion de parents plus ou moins éloi-

gnés, surgit de toutes parts et, après avoir con-
gruement pleuré, s'apprêta à revendiquer l'héritage de cette bonne et riche parente.

L'ouverture du testament (1), faite le 11 avril
1901, désabusa vite ces gens, malgré la résur-
rection soudaine de leur sentiment familial et
la sincérité évidemment complète de leur douleur. Mlle Ernestine Meunier léguait *indiscuta-
blement* sa fortune à des personnalités tout à
fait étrangères à sa parenté. Entre autres dispositions et avec une attention charmante, par
laquelle s'affirmaient ses préférences de mélo-
mane, la défunte offrait la somme nécessaire à
l'achat annuel d'une harpe, afin que cet instru-
ment fut remis par le Conservatoire au lauréat
du premier prix au concours de fin d'année.
Mais le principal héritier était, naturellement,
le vigilant M. Coppola. C'était, de la part de
Mlle Meunier, une façon royale de reconnaître de précieux services. L'intègre administrateur se déclarait satisfait.

Pourquoi le fut-il moins lorsqu'il apprit,
avec un étonnement égal à celui de Ferrer,
qu'au lieu de léguer à ce dernier la rente via-
gère de 12.000 francs promise, Mlle Meunier,
par une modification faite à son testament à l'insu de tous, laissait à son professeur la propriété
complète d'une maison de rapport sise à Paris,

(1) Ce testament olographe, en Français, d'une écriture
fine et très nette, couvre trois pages de papier à lettres
d'un format commercial. Il porte la date du 21 janvier
1901. Il est actuellement déposé parmi les actes du notaire Giacomo Galli, aux archives notariales de Milan.

11, rue des Petites-Écuries ? Cette maison produit environ quarante mille francs (1) de revenu annuel.

Pour Ferrer, c'était la fortune soudaine, brutale, inespérée.

L'*Ecole Moderne* devait en profiter plus que son fondateur.

M. Coppola, d'un mouvement spontané, tout naturel chez un financier connaissant la valeur de l'argent et la prodigalité blâmable des intellectuels, prétendit sur-le-champ devoir contrôler l'usage que Francisco Ferrer ferait de son héritage. Il dut reconnaître rapidement qu'il outrepassait ses droits de gérant et de légataire. D'autant plus volontiers que, par un codicille d'une sagesse parfaite, Mlle Ernestine Meunier déclarait que tout héritier qui attaquerait son testament serait déshérité de droit.

M. Coppola revint donc à Milan, chargé d'or et de bénédictions. Il y mène actuellement une existence paisible et somptueuse, récompense équitable de toute une vie de labeur incessant, de vigilance et d'intégrité.

Quant à Ferrer, il retourna à Barcelone et fonda ses *écoles modernes*, qu'il compléta bientôt par une très importante maison d'édition, unique en Espagne.

Finissons-en tout de suite avec la basse question d'argent, pour faire définitivement justice des quelques insinuations sournoises et abjectes faites timidement par quelques journaux.

(1) Exactement 36.000.

Qu'est, au juste, aujourd'hui, cette fortune de Ferrer, qui suscita tant de convoitises ? Voici :

L'immeuble légué par Mlle Meunier, est très largement hypothéqué, ainsi qu'il appert de l'état suivant :

Le 5 février 1903, Ferrer empruntait 200.000 francs au Crédit Foncier. Il s'engageait à rembourser en soixante-quinze annuités, et à payer un intérêt de 4 30 o/o.

Le 22 juillet 1904, Ferrer empruntait 100.000 francs au Foncier, dans les mêmes conditions que précédemment.

Enfin, le 26 février 1906, toujours aux mêmes termes d'engagement, le Crédit Foncier avançait 25.000 francs à Ferrer.

Un autre emprunt de 125.000 francs fut contracté par le fondateur de l'*Ecole Moderne*, moyennant un intérêt de 4 3/4 %, avec remboursement exigible le 8 février 1918.

Ce qui fait un total de 450.000 francs d'hypothèques.

Pour être tout à fait complets, il sied d'ajouter que la maison d'édition très florissante fondée par Ferrer et quelques spéculations heureuses, avaient accru sa fortune depuis quelques années. Cet éducateur se transforma, pour le succès de sa cause, en homme d'affaires plus actif qu'avisé peut-être.

De même qu'il a donné son intelligence et sa vie pour la Cause, il n'a voulu considérer l'or que comme un moyen d'action pour modifier, par l'éducation, la mentalité de ses concitoyens.

Francisco Ferrer a tout sacrifié pour son idéal de penseur libre et de républicain.

LES IDÉES DE FERRER

Ferrer fut, avant toutes choses, un « doux », un idéaliste, un disciple de Pestalozzi et de Reclus, un très sincère ami de ce peuple dont il était issu. Que ceux qui douteraient relisent ces lignes — rares, car Ferrer écrivait peu — signées de lui : elles donnent à la fois une idée complète de son caractère et l'explication des persécutions dont il fut l'objet avant d'en être la victime. Cette page généreuse et clairvoyante, à peu près inconnue aujourd'hui, date déjà, mais elle prend la valeur d'un testament spirituel. Elle est intitulée : *la Rénovation de l'Ecole*. Lisez :

« A ceux qui veulent rénover l'éducation de
« l'enfance s'offrent deux moyens d'action :
« travailler à la transformation de l'école par
« l'étude de l'enfant, de manière à prouver
« scientifiquement que l'organisation actuelle
« est défectueuse et à amener des améliorations
« progressives ; ou bien : fonder des écoles
« nouvelles où seront appliqués directement
« des principes répondant à l'idéal que se font
« de la société et des hommes ceux qui réprou-

« vent les conventions, les préjugés, les cruau-
« tés, les fourberies et les mensonges sur les-
« quels est basée la société moderne.
« Le premier moyen représente certaine-
« ment de grands avantages. Il répond à une
« conception évolutionnaire, que défendront
« tous les hommes de science et qui, seule, se-
« lon eux, pourra aboutir.
« En théorie, ils ont raison et nous sommes
« prêts à le reconnaître.
« Il est évident que les démonstrations de
« la psychologie et de la physiologie doivent
« amener d'importants changements dans les
« méthodes d'éducation ; que les instituteurs,
« étant à même de mieux comprendre l'en-
« fant, sauront mieux conformer leur ensei-
« gnement aux lois naturelles. J'accorde même
« que cette évolution s'accomplira dans le sens
« de la liberté, car je suis convaincu que la
« contrainte n'est que la raison de l'ignorance
« et que l'éducateur réellement digne de ce
« nom obtiendra tout de la spontanéité, parce
« qu'il connaîtra les désirs de l'enfant et saura
« seconder son développement, rien qu'en y
« donnant la plus large satisfaction possible.
« Mais, dans la réalité, je ne crois pas que
« ceux qui luttent pour l'émancipation hu-
« maine puissent attendre beaucoup de ce
« moyen-là. Les gouvernements ont veillé de
« tout temps à garder la haute main sur l'édu-
« cation du peuple. Ils savent mieux que per-
« sonne que leur puissance est basée presque

« en totalité sur l'école. Aussi se l'accaparent-
« ils de plus en plus. Le temps est passé où
« ils s'opposaient à la diffusion de l'instruc-
« tion et où ils cherchaient à restreindre l'édu-
« cation des masses. Cette tactique leur était
« possible autrefois, parce que la vie économi-
« que des nations permettait l'ignorance popu-
« laire qui rendait les dominations si faciles.
« Mais les circonstances ont changé. Les pro-
« grès de la science et les découvertes de toute
« nature ont révolutionné les conditions du
« travail et de la production. Il n'est plus pos-
« sible maintenant que le peuple reste igno-
« rant ; il faut qu'il soit instruit pour que la
« situation économique d'un pays se main-
« tienne et progresse contre la concurrence
« universelle. Dès lors, les gouvernements ont
« voulu une organisation de plus en plus com-
« plète de l'école, non parce qu'ils espèrent
« par l'éducation la rénovation de la société,
« mais parce qu'il leur faut des individus, des
« ouvriers, des instruments plus perfection-
« nés de travail pour faire fructifier les entre-
« prises industrielles et les capitaux y engagés.
« Et on a vu les gouvernements les plus réac-
« tionnaires suivre ce mouvement ; ils ont par-
« faitement compris que la tactique ancienne
« devenait dangereuse pour la vie économique
« des nations et qu'il fallait bien adapter l'édu-
« cation populaire aux nécessités nouvelles.
« Mais on aurait bien tort de croire que les
« dirigeants n'aient pas su prévoir les dangers

« que pouvait créer pour eux le développe-
« ment intellectuel des peuples, et qu'il leur
« fallait changer de moyens de domination.
« Leurs méthodes se sont adaptées aussi aux
« conditions nouvelles de la vie et ils ont tra-
« vaillé à garder la direction des idées en évo-
« lution. Tout en s'efforçant de conserver les
« croyances sur lesquelles était basée autrefois
« la discipline sociale, ils ont cherché à don-
« ner aux conceptions, nées de l'effort scienti-
« fique, une signification qui ne pût nuire aux
« institutions établies. Et c'est pour cela qu'ils
« se sont emparés de l'école. Eux qui, autre-
« fois, laissaient aux prêtres le soin de l'éduca-
« tion du peuple, parce que ceux-ci conve-
« naient parfaitement à cette besogne, leur
« enseignement étant au service de leur auto-
« rité, prirent partout la direction de l'organi-
« sation scolaire.

« Le danger, pour eux, se trouvait dans l'é-
« veil de l'intelligence humaine, au spectacle
« nouveau de la vie, dans l'éveil, au fond des
« consciences, d'une volonté d'émancipation.
« Il eut été fou de lutter contre les forces en
« évolution ; il fallait les canaliser. C'est pour
« cela que, loin de s'obstiner à d'anciens pro-
« cédés de gouvernement, ils en adoptèrent de
« nouveaux, d'une efficacité évidente. Il ne
« fallait pas être doué de génie pour trouver
« cette solution ; la simple contrainte des faits
« amena les hommes du pouvoir à compren-
« dre ce qu'il y avait à opposer aux périls ap-

« parus. Ils fondèrent donc des écoles, travail-
« lèrent à répandre l'instruction à pleines
« mains et, s'il en fut parmi eux qui résistèrent
« d'abord à cette impulsion — car les tendan-
« ces diverses, que l'on sait favorisaient cer-
« tains des partis politiques en antagonisme, —
« tous bientôt comprirent qu'il valait mieux
« y céder et que la meilleure tactique était
« d'assurer, par des moyens nouveaux, la dé-
« fense des intérêts et des principes. On vit
« donc des luttes terribles se produire pour
« la conquête de l'école ; dans tous les pays,
« ces luttes se continuent avec acharnement :
« ici, c'est la société bourgeoise et républicaine
« qui triomphe ; là, c'est le cléricalisme. Tous
« les partis savent l'importance de l'enjeu et
« ne reculent devant aucun sacrifice pour as-
« surer leur victoire. Leur cri à tous est :
« Pour et par l'école ! » Et le bon peuple doit
« être touché de tant de sollicitude. Tout le
« monde veut son relèvement par l'instruction
« et son bonheur donc par surcroît. Autrefois,
« certains pouvaient lui dire : « Ceux-ci cher-
« chent à te maintenir dans l'ignorance pour
« mieux t'exploiter ; nous te voulons instruit
« et libre ! » Maintenant, ce n'est plus possi-
« ble : on bâtit des écoles dans tous les coins,
« sous toute espèce d'enseigne.

« Francisco Ferrer. »

Comment Ferrer comprit-il l'enseignement
dans son école rationaliste ?

Le professeur O. Dinale, qui fut en relations amicales avec lui, déclare : « Ferrer était l'esprit le plus tolérant que j'ai jamais connu. Il poussait son amour de la liberté jusqu'à interdire à tous ses professeurs de jamais dire aux enfants, dont l'éducation lui était confiée, le moindre mot contre la religion ou contre le gouvernement. Ferrer voulait que l'enseignement restât dans une neutralité absolue et qu'il n'eut pour objet que des questions de science. *Faisons d'abord de nos enfants, disait-il, des jeunes gens instruits. Plus tard, quand ils seront devenus des hommes, nous nous efforcerons de leur inculquer les idées d'émancipation qui nous sont chères.* »

Nous verrons plus loin ce qu'il faut penser des réalités, mais dès lors, il est superflu de chercher plus longtemps dans le domaine idéologique pourquoi le directeur de l'*Ecole Moderne* fut assassiné. Il le fut pour ses idées et pour le succès qu'elles obtinrent.

Cette œuvre, en effet, se développa merveilleusement. Des gens de tous âges et de toutes conditions s'asseyaient sur les mêmes bancs que les enfants et suivaient les cours. En même temps la propagande laïque, dirigée par Francisco Ferrer, prenait une formidable extension : 120 organisations s'étaient ouvertes dans les centres principaux, amenant une foule d'adhérents aux idées nouvelles.

L'*Ecole Moderne* avait à sa tête un comité d'études, composé de professeurs éminents, d'hommes politiques, de littérateurs et de savants.

C'en était trop. La persécution officielle commença à s'exercer. Une lettre personnelle du Fusillé de Montjuich à l'un de ses amis, écrite six mois après son premier procès, nous aurait édifiés, si ce premier procès lui-même n'avait pas fait entrevoir au monde la vérité. Nous y reviendrons. Voici cette missive rapide, datée du 5 novembre 1907 :

Mon cher ami,

Je regrette bien de ne m'être pas trouvé à Barcelone lorsque vous y êtes arrivé pour me voir et voir l'École Moderne. Il est vrai que je n'aurais pu vous montrer que des locaux vides et des salles désertes. Le gouvernement espagnol ne veut permettre à aucun prix l'enseignement rationaliste, malgré les lois qui l'autorisent. En cela, les pouvoirs publics nous donnent l'exemple de ce que le peuple doit faire lorsqu'il se trouve gêné. L'attitude gouvernementale nous prouve aussi que nous avons raison de chercher l'émancipation humaine par l'éducation, rien que par l'éducation. Si nous n'en étions pas convaincus depuis longtemps, il suffirait de voir la rage avec laquelle nous sommes persécutés et tout l'intérêt que les réactionnaires ont à discréditer notre système d'enseignement, pour nous encourager dans la voie que nous nous sommes tracée.

Je vous félicite, mon cher ami, de l'avoir aussi ainsi compris et vous envoie une bonne et fraternelle poignée de main.

F. FERRER.

La réaction espagnole craignait en Ferrer un adversaire d'autant plus redoutable que convaincu, ardent, mais maître de lui dans les circonstances les plus tragiques, l'ancien partisan de Ruiz Zorrilla demeurait, parmi les innombrables négociations politiques dont la Catalogne est victime aujourd'hui autant qu'hier, un indépendant aussi farouche qu'incapable de désarmer et faisait preuve, sans défaillance, de cet admirable esprit de décision dont il ne se départit, du berceau au cercueil, jamais.

Cet homme d'action, et d'idées encore plus que d'action, se doublait d'un homme de cœur. Sans doute, il vécut peu de la vie de famille. C'est une chose fréquente parmi les êtres d'élite, qui se consacrent tout entiers aux questions d'intérêt général, aux grandes réformes sociales.

Des journaux militaires espagnols, tels que la *Correspondancia militar* et *El Ejército Español*, (suivis en France par quelques feuilles à tout faire), en ont profité pour augmenter le tas de boue dans lequel ils s'enlisent, en s'efforçant de maculer le cadavre du martyr, — pour insinuer que Ferrer laissait vivre ses deux filles dans une situation misérable. Cela est parfaitement faux.

Il n'abandonna jamais ses enfants, qui vivaient à Paris en sûreté. Si, pensant que tout être humain doit subvenir à ses besoins, il les laissait travailler, il les aida constamment de ses conseils et de ses secours matériels. On ne peut pas conclure de la situation d'ouvrière de Mme Trinidad Ferrer que son père la laissa sans ressources et se désintéressa de son sort.

Nous verrons ultérieurement quel parti les ennemis déclarés ou tacites de l'*Ecole Moderne* tirèrent de la situation familiale de Ferrer avant son exécution, ainsi que de son attachement connu pour Mme Soledad Villafranca qui, entrée comme institutrice dans les cours rationalistes de Barcelone, gagna, par sa vaillance et par son dévouement, l'estime et l'affection de celui dont elle fut la meilleure et la plus active collaboratrice. A Barcelone surtout, ces détails furent abominablement exploités.

Sans daigner remarquer autrement que le terrible désespoir de ses enfants (1) venant,

(1) Du *Temps* :

« Nous avons vu Mlle Paz Ferrer, la plus jeune des filles de Ferrer, artiste dramatique connue dans le monde des théâtres et des lettres, à Paris. Elle était effondrée sur un siège et paraissait abattue et désespérée.

« — Que me veut-on ? nous dit-elle. Je ne sais rien, sinon que tout cela est affreux.

« Je ne sais rien des idées de mon père. Ce que je sais, c'est que c'était un homme loyal, sincère et probe. Il allait jusqu'au bout de ses idées, avec un courage, une fermeté rares.

« Je l'ai vu à son dernier passage à Paris... Il partit bientôt pour Barcelone rejoindre ma tante qui se trouvait souffrante. Je devais à mon tour aller l'y retrouver. Les émeutes m'en empêchèrent.

« Quand je pense que nous nous sommes quittés

après la démarche faite par l'ex-Mme Ferrer
elle-même en faveur de son premier mari, lors
du procès Morral, suffirait à faire justice de
ces procédés et à flétrir ceux qui les emploient
avec effronterie, constatons de suite, que la
cause est bien misérable qui se voit obligée de
recourir à des arguments de cette sorte — tout
à fait étrangers à l'affaire — fussent-ils exacts.
Qu'est-elle donc lorsqu'ils sont erronés ?

comme cela, simplement, comme des gens sûrs de se
revoir bientôt et que maintenant il est mort, que je ne le
reverrai plus jamais ! Je ne puis pas y croire. C'est affreux ! »
   « ... Trinidad Ferrer, l'aînée, est âgée de vingt-huit
ans, elle habite un hôtel de la rue Belgrand. Elle a
deux enfants et va bientôt être mère d'un troisième.
   « Nous aurions voulu la voir ; mais à la suite de la
terrible nouvelle qu'elle a apprise hier, elle a dû s'aliter.
   « La patronne de l'hôtel nous a dit sur sa locataire :
   « Depuis que son père avait été arrêté et que son
exécution paraissait probable, Mlle Ferrer avait décidé
de renoncer à sa patrie et de se faire naturaliser Française. Hier, dans l'après-midi, elle s'était rendue au
Palais de justice pour faire des démarches dans ce but ;
elle devait ensuite passer à l'*Humanité* pour prendre des
nouvelles de son père.
   « Pendant son absence, des journalistes sont venus.
Ils étaient à peine partis qu'une automobile ramenait ici
Mlle Ferrer évanouie. C'est à l'*Humanité* qu'elle avait
appris l'affreuse nouvelle. Mais comme elle est d'un
tempérament très énergique, aussitôt revenue à elle,
elle s'est levée pour s'occuper de ses enfants : l'aîné
est très malade à l'hôpital Hérold ; l'autre, également
souffrant, est soigné chez des amis. »

LA RÉACTION CONTRE FERRER

Le 21 mai 1906, jour du mariage d'Alphonse XIII, une bombe, lancée par Matteo Morral d'une fenêtre de l'hôtel situé au numéro 80 de la *Calle Mayor*, à Madrid, éclatait à côté de l'équipage des époux royaux. « Jamais, écrit un témoin oculaire, je n'oublierai le double spectacle qui s'offrit à mes yeux, à quelques instants d'intervalle. D'abord, le passage de la *comitiva regia*, le cortège nuptial se rendant du Palais à l'église de Saint-Jérôme : la longue suite des voitures dorées et empanachées, des chevaux richement harnachés et des flamboyants uniformes, qui se déroule majestueusement, entre une double haie de soldats, l'arme au pied, et au milieu du silence admiratif de la foule. Au-dessus des têtes, flottent au vent des oriflammes de toutes les nations, et sur les balcons, décorés de tapisseries anciennes ou de simples draps — comme pour une procession, — de claires toilettes et de gracieuses figures de femmes jettent un note riante et gaie.

« Une heure après, je me trouve dans la
Calle Mayor, à une centaine de mètres du Palais de l'Orient. Un horrible attentat vient de
se perpétrer. Non sans peine, je me fais jour à
travers la foule, que contient la police à cheval :
foule d'ouvriers et de paysans, immobiles
et muets, les yeux fixes et semblant ne pas comprendre. Brusquement je découvre tous les détails de ce sombre drame : le corps gigantesque
d'un long coursier blanc, qu'on eût pris pour
la victime de quelque *corrida,* des shakos dé-
foncés, des débris de cuirasses martelées, des
lambeaux d'uniforme auxquels adhère un peu
de chair. Dans un coin, sur le trottoir, une
couverture grossière, sinistre, révèle des formes
humaines, alignées militairement. Et, au milieu de la chaussée, le carosse de féerie, où se
pressaient il n'y a qu'un instant, les époux
royaux, lamentable avec ses vitres et ses lanternes brisées et la lourde et ironique couronne qui
le surmonte encore… Le soleil de midi, impas-
sible et brutal, illumine toutes ces choses et ne
fait grâce d'aucun détail. Au numéro 80, vis-à-
vis de l'*Ayuntamento,* on me montre avec
effroi, sur les draps blancs des fenêtres, des ta-
ches rouges, à peine coagulées, au reflet lugubre… Partout, de l'or et du sang, véritable
spectacle d'Espagne ! »

Or, trois ans avant cet événement, Francisco
Ferrer avait engagé Morral, (fils d'un manufac-
turier aisé de Sabadell dont la sœur cadette
avait été élevée à l'*Ecole Moderne,*) comme bi-

bliothécaire-traducteur de sa maison d'éditions
scolaires et philosophiques.

L'occasion était belle pour frapper les adversaires de l'Eglise et de la monarchie. Les
inquisiteurs d'outre-Pyrénées voulurent en profiter pour anéantir l'œuvre laïque, dépouiller
son créateur et — si possible — ajouter une
nouvelle mare rouge à toutes celles de la *Mano
Negra*, de Montjuich et d'Alcala *del Valle*.

Ils ne purent pas accomplir tout cela immédiatement, mais ils entravèrent cruellement
l'avenir de la fondation de Ferrer.

Nous ne rapporterons pas tous les incidents
de ce procès. Il suffira de rappeler de quelle
manière il fut engagé. Rien n'est plus poignant
que de retrouver, à deux ans à peine de distance, les mêmes procédés employés contre le
même homme et dans le même but — manqué
la première fois, atteint, odieusement atteint,
la seconde.

On sait que Morral, traqué par la police, se
réfugia immédiatement après son attentat, chez
le journaliste Nakens, (directeur du périodique
El Motin), qui a passé toute sa vie à combattre
l'anarchisme. Nakens ne connaissait point Morral. Cependant, n'écoutant que son sentiment
chevaleresque devant cet homme qui lui demandait asile, Nakens, ennemi de l'anarchie,
accueillit cet anarchiste. Il poussa la bonté, —
sa demeure personnelle ne lui paraissant pas
sûre, — jusqu'à procurer un refuge à Morral
chez les époux Bernardo et Concepcion Mata.

Ceux-ci, croyant avoir affaire à un journaliste italien désireux de n'être pas compris dans les rafles probables, le logèrent une nuit.

Morral quitta ce gîte le lendemain.

Découvert par le garde-champêtre Vega, il lui brûla la cervelle au moment où ce dernier levait la main pour l'arrêter et il se suicida séance tenante.

C'est à la suite de ces faits que l'on s'efforça de rendre Ferrer y Guardia responsable à un degré quelconque du drame de la *Calle Mayor*.

On commença par l'arrêter sans explications. Douze mois plus tard, on le renvoyait devant le tribunal dit « de droit », *qui ne comprend pas de jury* — alors qu'en Espagne le jury est toujours accordé aux criminels de droit commun.

L'audience fut officiellement *publique*. En réalité, des mesures extraordinairement rigoureuses étaient prises contre la foule qui, très émue, assiégeait le Palais de Justice : gendarmes, agents, policiers en civil fourmillaient et la salle était « faite ».

Parmi les témoins cités par la défense, on peut nommer : Alfred Naquet, Henri Rochefort, Marcel Sembat, Henri de Noussanne, signataire dans l'*Echo de Paris* (qui, depuis...) d'un article très élogieux pour Ferrer, le savant naturaliste espagnol Odon de Buen,... d'autres... Et, tout de suite, on affirme que les *étrangers ne sont pas admis à déposer devant le tribunal.*

Il nous semble que, déjà, nous en avons assez dit.

A quoi bon souligner que le défenseur de Ferrer, en 1907, se nommait Emiliano Iglesias, et qu'en 1909, à l'heure où nous écrivons, Emiliano Iglesias, adjoint au maire de Barcelone, directeur du journal *El Progreso*, avocat en vue, est détenu, (après avoir vu, au lendemain des troubles, suspendre son journal) — en compagnie des conseillers municipaux Zuro Olivarès et Valenti Camp, — à la Carcel Modelo, de lugubre mémoire ? La Prison Modèle répond à l'Ecole Modèle.

Faut-il rappeler l'attitude scandaleuse du fiscal Becerra del Toro, que l'histoire a depuis longtemps marqué au fer rouge ? Pourquoi mentionner l'attitude craintive des juges de droit de Tejada et Morejon, s'effaçant devant Tomas Albadalejo ?

On constata que Ferrer était en relations avec Charles Malato, Paraf-Javal et Jean Grave. Et après ? Au reste, le mystère n'était guère réel, puisque la librairie de l'*Ecole Moderne* publia des traductions de livres de ces trois auteurs.

Ne nous attardons point aux insinuations perfides du président, relativement aux relations féminines et aux opérations financières de Ferrer ? Pourquoi répéter que, pour l'honneur du peuple espagnol opprimé, des placards demandant l'acquittement de Ferrer, furent apposés à Madrid le 3 juin — et lacérés par la police ? Que dire des accusations subsidiaires accumulées contre le fondateur de l'*Ecole Moderne* ?

On n'osa guère contester l'antianarchisme (connu dans tout le pays) de Nakens, condamné tout de même puis grâcié. Mais Ferrer, républicain, à l'esprit très ouvert, n'avait-il pas été surnommé plaisamment *l'anarchiste* par son ami feu le ministre Zorrilla ? Ne s'était-il pas (par plaisanterie) qualifié de la sorte deux ou trois fois dans quelques-unes des lettres qu'il adressait à ses amis ? N'avait-il pas souscrit à la publication de Vallina — publication sans aucun caractère anarchiste d'ailleurs — l'*Espagne Inquisitoriale* (8 francs !) ? N'avait-il pas payé des droits d'auteur à Nicolas Estevanez, ancien ministre de la guerre de la république fédérale de 1873 et à Charles Malato, pour les livres (manuels scolaires, livres de lecture et d'histoire écrits dans un esprit rationaliste) qu'éditeur il leur avait commandés ? N'avait-il pas édité des traductions d'Elisée Reclus et la *Substance universelle* de Paraf-Javal ?

Voilà de bien plaisants chefs d'accusation, n'est-il pas vrai ? Les persécuteurs se rendirent compte de ce que tout cela offrait de ridiculement disproportionné au prix de la gravité du procès. Ils usèrent alors du procédé de basse police qui leur est cher, au point qu'ils le réemployèrent lors du dernier procès. Non contents de saisir des lettres intimes et d'en tronquer le texte effrontément, ils y firent des additions. Aux révolutionnaires impatients qui déploraient de le voir confiner son activité dans les œuvres scolaires, Ferrer répondait toujours, en les exhortant au calme, ce qu'il écrivait textuellement à Nakens : «...*Nous désirons détruire la société présente dans ses fondements (les préjugés nés de l'ignorance) ; pour le moment, contentons-nous d'introduire dans les cervelles des idées de démolition ; plus tard, on verra.* »

A ces lignes, L'ACCUSATION AVAIT AJOUTÉ UN ÉLOGE APOCRYPHE DE LA BOMBE, DU POISON ET DE L'ASSASSINAT POLITIQUE. Cette manœuvre criminelle ne suffisant pas sans doute au fiscal Becerra del Toro, ce dernier se permit encore d'insinuer, au mépris de toute plausibilité, que certaines pièces dans lesquelles Ferrer se déclarait anarchiste, avaient été supprimées du dossier !

La conclusion s'imposait : malgré le tribunal d'exception choisi, car Ferrer avait droit à la Cour d'assises, malgré les faux, les manœuvres criminelles et la complicité des gazettes officieuses chargées d'influencer l'opinion publique, Ferrer fut acquitté. Mais ses écoles furent fermées, et si le gouvernement espagnol ne put s'emparer des biens du professeur rationaliste, ce ne fut pas faute d'en avoir demandé, par l'organe du *fiscal*, la confiscation immédiate.

Loyola était battu. Mais Loyola ne désarme jamais.

Cependant Ferrer, indomptable, tenta, après la fermeture de ses écoles, de fonder une Université populaire. Il dut y renoncer. Alors son effort rationaliste se reporta tout entier sur sa maison d'édition, dont la prospérité grandît de jour en jour. Il fit connaître en Espagne les ouvrages de Létourneau, *Science et Religion* de Malavert et tout le mouvement philosophique, social et scientifique contemporain. Toute la presse qui avait élevé la voix contre l'inculpation, célébrait, après l'acquittement, l'excellence de l'œuvre de Ferrer et la vaillance avec laquelle il la poursuivait malgré tous les obstacles. Pour achever de dévoiler l'infamie de l'accusation, Rochefort, qui n'avait pas été admis à déposer devant le tribunal, s'avisait de publier une lettre écrite par Morral lui-même à un agitateur russe, lettre dans laquelle l'anarchiste déclarait : « *Je n'ai pas foi en Ferrer, en Tarrida, en Lorenzo, ni en tous ces gens faibles d'esprit, qui croient qu'on ne peut rien faire d'autre que des discours.* »

La haine des réactionnaires ne connut plus de bornes. La perte de Ferrer fut dès lors décidée. N'oublions pas que bien avant que le fondateur de l'*Ecole Moderne* fut arrêté en 1909, le téméraire La Cierva déclarait à plusieurs personnalités catalanes, parmi lesquelles un très honnête député que nous ne pouvons nommer ici, car ce serait peut-être (malgré la chute de Maura, qui glissa dans le sang de sa victime) mettre sa liberté en péril :

— Nous rendrons la vie de Ferrer impossible en Espagne.

L'ordre de capture était donc préparé de longue main. L'ordre d'exécution suivit dès que l'occasion fut propice. Celle-ci tarda jusqu'au lundi 26 juillet 1909.

FRAGMENTS DE QUOTIDIENS BARCELONAIS, METTANT EN ÉVIDENCE
LES EXIGENCES DE LA CENSURE DU CAPITAINE GÉNÉRAL.

5

LES JOURNÉES ROUGES

Nous ne rechercherons pas pour quelles raisons l'Espagne fut amenée à occuper militairement la Restinga, le cap de l'Eau et la région du Riff (1). Nous savons que les naturels du

(1) Voici à titre de document, le récit publié par l'*Information*, journal financier, le 16 octobre 1909 :

« ... Au début, M. Maura ne voulait absolument pas de guerre. Constamment les capitalistes espagnols intéressés dans les mines de Beni-Bu-Ifrur essayaient d'exercer sur lui une pression, pour l'amener à une intervention armée et à assurer l'exploitation desdites mines.

La Compagnie du chemin de fer minier français, voyant interrompus non seulement le mouvement du trafic, mais encore l'exploitation des mines, par le fait des agressions des Maures, demanda aide et protection à l'Espagne, qui s'y refusa.

« Voyant cela, la Compagnie s'adressa au gouvernement français pour lui demander d'intervenir en sa faveur auprès de l'Espagne et la chancellerie espagnole n'en tint pas compte non plus.

« Devant ce déni, la France fit savoir dans une note transmise par voie diplomatique et restée secrète, que si l'Espagne n'intervenait pas dans l'affaire, elle s'en chargerait elle-même.

« La chancellerie espagnole consulta alors sur ce cas les puissances signataires de l'Acte d'Algésiras et toutes répondirent que ce n'était pas à la France mais à l'Espagne qu'il appartenait de protéger la circulation et l'exploitation du chemin de fer minier.

« M. Maura se voyant acculé à la guerre, voulut couvrir les apparences et en chercha la formule. C'est la

pays se soulevèrent contre cette atteinte portée,
selon eux, à leurs droits les plus légitimes. Le
mouvement populaire dégénéra bientôt en une
révolte à main armée. Des ouvriers espagnols
furent assassinés. La résistance s'organisa partout contre les oppresseurs et les tribus Kaby-
les, commençant la guerre sainte, assaillirent
leurs ennemis jusque sous les murs de Melilla.
Pour réprimer ce soulèvement, le gouvernement espagnol dut organiser une véritable
campagne et envoyer en Afrique plus de 5o.ooo
hommes.

Les premières nouvelles que l'on reçut affec-
tèrent péniblement l'opinion publique au-delà
des Pyrénées : les combats livrés dans le Riff
avaient été des insuccès pour les troupes du
général Marina ; des bataillons entiers étaient
tombés dans des guets-apens perdant les trois
quarts de leur effectif ; certains journaux blâ-

France qui la lui fournit, en lui cédant le chemin de
fer qui, de français, devint ainsi espagnol.

« Entre temps, il faisait passer le chemin de fer minier
à M. Lezema Leguizamon, par l'intermédiaire de
M. Mella.

« Alors seulement, M. Maura fit tout ce qu'il put pour
présenter la guerre comme nécessaire, afin de sauver
l'honneur national.

« En ce qui concerne les mines de Beni-Bu-Ifrur, on
sait seulement par les travaux déjà réalisés, que les af-
fleurements sont très puissants ; mais, fin courant, doit
partir pour les explorer, un ingénieur, D. Joaquin
Oriqueta, et l'on saura à quoi s'en tenir. Avant lui, un
ingénieur de la société « Castillo de las Guardas » les
a déjà examinés et il a déposé un rapport favorable.

« Tout cela explique parfaitement pourquoi il est
venu de France tant d'avis significatifs, dans la crainte
que l'Espagne n'étendît son action, alors qu'il suffit à
ce pays que la tranquillité soit assurée dans la Sierra
de Beni-Bu-Ifrur. »

maient l'incurie de chefs inattentifs ou téméraires ; de plus, avec l'injuste système du remplacement, les combattants étaient toujours pris dans les rangs du peuple, dont le sang coulait au loin, pour une cause qui, à aucun titre, n'était la sienne, puisqu'il ne s'agissait en définitive que de l'intérêt de quelques capitalistes puissants.

A l'annonce des premiers désastres, une émotion profonde s'empara des milieux ouvriers de Barcelone et de cette population catalane si ardente, si malheureuse et si prompte à l'action.

Sans que rien put faire présager les événements qui devaient se dérouler, une véritable révolution éclata spontanément. Les travailleurs décrétèrent la grève générale. Toute la vie économique de la cité s'arrêta brusquement et le peuple descendit dans la rue.

Ce fut l'émeute terrible, grandiose.

Il serait puéril de croire que cette véritable révolution n'avait pas été soigneusement préparée. Nous savons par qui elle le fut. Un comité permanent de trois membres, immédiatement remplacés, en cas d'arrestation ou de fuite nécessaire, par des hommes désignés d'avance, siégeait à Barcelone. C'est ce comité qui fomenta la grève, pour répondre au sentiment unanime de la population. Les trois directeurs du mouvement sont actuellement en sûreté. Deux habitent la région de Paris, le troisième se tient aux alentours de Perpignan. Le principal instigateur de la révolte, bien connu aujourd'hui à Paris, ne quitta Barcelone que huit jours après la grève — et il passa la frontière aisément, malgré toutes les précautions prises, sous un adroit déguisement. Or, jamais aucun de ces hommes, ils l'affirment eux-mêmes, n'eut de relations avec Francisco Ferrer.

Tout fut prêt le 26 juillet. Quelques extraits du récit du principal organisateur de la révolte donneront une idée de la violence de l'agitation :

« ...Les commissions ouvrières parcoururent, dès quatre heures du matin, tous les faubourgs ouvriers de Barcelone et toutes les villes de la banlieue. Elles se mirent en rapport avec ceux des camarades qui ignoraient encore l'imminence de la grève générale pour s'opposer à la guerre du Maroc et pour protester contre les méfaits du gouvernement. Il faut dire, du reste, qu'après la propagande faite pendant la nuit du 24 et la journée du 25, il y avait très peu d'ouvriers qui ne savaient pas la nouvelle. Les seuls à tout ignorer étaient les gens de la police et notamment le « gobernador civil », le préfet de Barcelone, M. Angel Ossorio y Gallardo.

« ...Le Comité de grève avait bien pris ses précautions. Toutes les réunions préparatoires furent ignorées de la police. Celle-ci avait eu seulement la préoccupation de surveiller les cercles où, d'habitude, la classe ouvrière tenait ses assemblées et où elle se garda bien de se rendre alors.

« ...Tous les ouvriers, dans la matinée, se rendirent aux usines, non pas pour y entrer, mais pour empêcher qu'on y travaillât. Dès ce moment, on a abandonné les usines de Barcelone et de la banlieue. Il en fut de même dans la plupart des grandes villes de Catalogne où, comme à Mataro, à Sabadell, à Tarrasa, à Badalona, à Reus, à Granollers, etc., les ouvriers du textile forment la majorité de la population.

« A neuf heures du matin, à Barcelone, dans le centre de la ville, les effets de la grève n'étaient pas tout à fait visibles, car les tramways et les omnibus — dont, depuis la dernière grève, les ouvriers sont presque tous des non-syndiqués — circulaient encore, et le personnel ne semblait pas disposé à abandonner le travail. Au premier moment, les organisateurs de la grève en eurent quelque désillusion, mais aussitôt qu'on eut fait savoir aux ouvriers de la banlieue ce qui se passait, ceux-ci arrivèrent en masse au centre de la ville, et ils imposèrent la grève aux traîtres de la classe ouvrière.

« La besogne ne fut pas très facile, car la police et la gendarmerie se montrèrent, comme d'habitude, très durs dans la répression. Mais il y avait beaucoup de femmes parmi la foule révoltée. Elles se placèrent à la tête des groupes, et ce furent elles qui, les premières, proclamèrent qu'il ne fallait pas aller à la guerre. Police et gendarmerie furent bientôt débordées. Les tramways, les omnibus, les voitures, tout fut

arrêté par la foule. Ceux qui résistèrent furent
attaqués à coups de pierre, quelques tramways
même furent incendiés. Le résultat fut qu'à
midi tous les moyens de circulation étaient
supprimés, et la ville tout à fait paralysée. Devant cette situation considérée déjà comme
grave, les autorités se réunirent et décidèrent
que le général gouverneur militaire de la Catalogne, Luis de Santiago y Manescau, serait
chargé de la police et de tout ce qui avait trait
à l'ordre public, et qu'on déclarerait l'*état de
guerre*, si la situation ne devenait bientôt un
peu plus calme.

« Pendant ce temps, on apprenait qu'au
paseo de Colon, dans Pueblo Seco, Clot, calle
de Aribau et encore dans d'autres endroits de
Barcelone, il y avait des bagarres, et que la
foule tenait tête à la police et à la gendarmerie.
Les nouvelles de Tarrasa, Sabadell et Badalona
arrivaient aussi. On avait enlevé les rails, on
avait coupé les fils du télégraphe, ou avait
fait sauter des ponts. A Sabadell et Tarrasa,
on avait tué des agents de police et des gendarmes.

« Provoquant au premier moment l'étonnement, ces nouvelles bientôt ne surprirent plus
personne, dans le public auquel elles parve-
naient en assez grand nombre. Le Comité de
grève, lui, savait déjà, avant sept heures de
l'après-midi, que la grève existait vraiment
dans toute la Catalogne.

« A neuf heures du soir, le Comité central à

Barcelone recevait la visite de deux camarades
de Sabadell (ville de 40.000 habitants, à 30 kilomètres de Barcelone) et il apprenait d'eux
que, non seulement l'ordre véritable était assuré dans cette ville par les insurgés maîtres de
l'Hôtel de Ville, mais qu'il y avait encore là
1.500 hommes armés, disposés à se rendre à
Barcelone, si l'on jugeait que leur concours
fût nécessaire. Le Comité leur déclara qu'il
n'avait besoin d'aucun renfort, les éléments de
Barcelone suffisant pour tenir tête aux forces (?)
de l'Excellentissime Luis de Santiago y Manescau, capitaine général de la Catalogne.

« En effet, le Comité savait bien qu'il y avait
des soldats à Barcelone et que ces soldats
avaient des fusils ; mais il savait aussi qu'au
cours de l'après-midi, dans une bagarre entre
la gendarmerie et les ouvriers du port, une
compagnie du génie avait refusé de tirer contre
le peuple, contre ce peuple qui criait :

« *Ne tirez pas, camarades, c'est pour vous
que nous nous battons !* »

« Le Comité savait encore que deux régiments
de dragons, ayant en tête le général Brandeis,
n'avaient pas bougé quand cet ancien officier
de l'armée allemande leur avait demandé de
faire feu contre la foule. Les soldats étant ac-
quis à la cause du peuple ; il ne restait que la
police et la « guardia civil » à combattre. C'est
à elles qu'on s'attaqua naturellement, en même temps qu'on coupait les fils de télégraphe
et de téléphone qui reliaient les casernes et les

postes de police avec Son Excellence le général de Santiago. »

La journée du 27, malgré le grand élan de la veille, apparaissait comme une énigme à tout le monde, même au Comité directeur de la grève. Deux faits sur lesquels on ne comptait point, firent progresser le mouvement au delà de toutes les prévisions. Son principal instigateur les expose ainsi :

« ...Ce fut, d'un côté, l'attitude des réservistes, qui préféraient de beaucoup se faire tuer derrière une barricade plutôt que d'aller au Maroc se battre contre des gens dont la cause apparaissait juste. Ce fut, de l'autre, l'impression déplorable que produisit, dans toutes les consciences, la terrible nouvelle, reçue le 26 à Barcelone, qu'avaient été fusillés à Melilla les dix soldats du bataillon de Reus, qui, au moment d'embarquer à Barcelone, avaient crié : *« A bas la guerre ! »* et *« Mort aux despotes ! »*

« Le général Santiago avait bien fait afficher le jour précédent une proclamation (*bando*) où l'on menaçait de peines terrifiantes tous ceux qui troubleraient l'ordre. Mais, malgré cette rigueur, l'esprit de révolte, aiguillonné par l'attitude provocante et féroce de la police et de la gendarmerie, se fit jour d'une façon telle que les rues de Barcelone furent bientôt converties en un vrai champ de bataille.

« On dressa partout des barricades, notamment à Gracia, à San Martin de Provensals, à

Sans et dans les rues Poniente et Hospital, pour tenir tête aux forces de la police et de la « guardia civil ». On entra dans les magasins d'armes et on s'empara de toutes les armes et munitions qu'on y trouva. On alla désarmer les *veteranos de la libertad* pour avoir moins d'ennemis à craindre et plus de fusils pour se battre. On monta des briques et des grosses pierres dans les appartements et sur les *terrados* (terrasses des toits), pour les employer comme projectiles contre « les défenseurs de l'ordre ». Il y avait beaucoup de soldats dans les rues. A leur défilé, on applaudissait avec enthousiasme, mais on gardait un silence glacial quand les chefs passaient. C'est là une chose qu'on put voir partout et continuellement. Toute la population, même les gens pacifiques et les bourgeois, témoignaient leur sympathie aux fils du peuple, aux soldats, et se tenaient à l'écart quand il s'agissait des chefs.

« Tout à coup, on annonça que le grand et splendide bâtiment des Pères Esculapes était en flammes. On sonna l'alarme et les pompiers coururent éteindre le feu. Mais la foule — une foule composée de milliers de personnes qui stationnaient à la Ronda San Antonio — empêcha les pompiers de se mettre à la besogne. Impuissants, ils se retirèrent, et la foule les applaudit avec un enthousiasme frénétique.

« Quelques minutes après, on apprit que c'était un autre couvent qui brûlait, puis un troisième, puis un quatrième, un cinquième,

un sixième, jusqu'à ne plus pouvoir les compter.

« La nuit du 27 juillet a été avec raison appelée *la nuit tragique*. En effet, la ville de Barcelone présentait à ce moment un aspect vraiment impressionnant ; les lampes étant en
grande partie éteintes, les rues étaient très som-
bres et très tristes. Les théâtres, les cafés, les
bars, les cabarets et les boutiques, qui à Barcelone sont ouverts très tard dans la nuit, res-
taient fermés. Les tramways, voitures et omnibus ne roulaient pas. Et le peu de passants
qu'on voyait par-ci par-là étaient ou des gens
qui cherchaient à regagner le plus vite possible
leur demeure, ou des révolutionnaires qui tâchaient de mettre en rapport les uns avec les
autres, les groupes de combattants et de les garder d'une surprise de la police. La lueur des
incendies éclairait ce tableau ; 49 bâtiments
églises et couvents, offraient au ciel la fumée
de l'encens sinistre que lui dédiait le peuple de
la très catholique Espagne. Et le bruit des
coups de fusil et de revolver et le roulement
des voitures de la Croix-Rouge, chargées de
morts et de blessés, troublaient le grand silence
que la fureur d'un peuple indigné contre ses
oppresseurs imposait à la belle et laborieuse
capitale de la Catalogne. Le spectacle était assurément d'une grandeur tragique, et faisait songer que lorsque de tels actes viennent à se produire, il faut des causes bien profondes pour
les faire éclater.

« ...L'action révolutionnaire était si étendue, le peuple tout entier était si ardent à la bataille, que ni les officiers de l'armée, ni la police, ni même la garde civile n'osèrent bouger. Pour la plupart, les forces armées restèrent enfermées dans leurs casernes, et ce qui resta dans la rue — des soldats avec des caporaux ou des sergents — assista en spectateur à la destruction qu'on faisait des objets du culte.

« ...Le soir du 27, la ville de Barcelone était complètement isolée du reste de l'Espagne. Aucun train ne partait, aucune dépêche ne pouvait être expédiée; toutes les lignes téléphoniques étaient interrompues. Cet isolement a duré jusqu'au mercredi 28 juillet, où commencèrent à parvenir des nouvelles de Madrid, de Valence et de Saragosse. Ainsi, pendant les deux journées du 27 et du 28, Barcelone fut à la merci des révolutionnaires. Le capitaine général de la Catalogne resta bien à la capitainerie, mais rien n'eut été plus facile que de le déloger. Le pauvre homme était là, sabre au fourreau et sans savoir que faire. Les soldats entraient dans les appartements de Son Excellence sans même se soucier de saluer les officiers qu'ils rencontraient sur leur passage. Ceux-ci pénétraient dans leurs bureaux le revolver chargé, et ils en fermaient les portes à clef tant ils avaient peu de confiance en la discipline et le dévouement de leurs soldats.

« Pendant la journée du 28, on mit encore le feu à quelques couvents et il y eut plusieurs rencontres entre le peuple et la force armée, surtout dans les faubourgs. Dans les rues de l'intérieur de la ville, on voyait des compagnies d'infanterie et des escadrons de cavalerie dans une attitude tout à fait passive. Les chefs étaient réunis en petit comité pendant que les soldats s'entretenaient avec l'élément civil. Beaucoup de femmes du peuple donnaient à boire et à manger aux soldats et les hommes les invitaient à prendre le café et à fumer.

« On aurait pu facilement s'emparer de l'Hôtel de Ville et faire prisonnier le capitaine général. On aurait pu, enfin, faire sans aucune peine tout ce qu'on eût voulu. »

Pourquoi les grévistes, en effet, ne capturèrent-ils pas le capitaine général de la Catalogne ? Pourquoi ne proclamèrent-ils pas, comme c'était l'intention de plusieurs d'entre eux, la République ?

Les raisons sont à leur honneur, reconnaissons-le. D'abord, ils apprirent à temps que le mouvement avortait dans les principales villes du royaume, et ils ne voulurent pas tenter une aventure aussi grave sans être sûrs du lendemain. Ensuite, le capitaine général prisonnier, c'était immanquablement la guerre civile sauvage, sans merci ; et le bombardement de la ville par des navires de guerre envoyés du sud. Les directeurs ne voulurent pas motiver d'inutiles boucheries.

A défaut de résultats plus positifs, ce mouvement permit aux libertaires de Barcelone de

constater la puissance acquise par eux, depuis
leur échec de 1902. Il en eût un autre qui équivaut presque en Espagne à notre loi de séparation des Eglises et de l'Etat. Des touristes visi-
tant des abbayes en Castille, nous rapportent
que les ecclésiastiques y tremblent de peur et,
depuis près d'un mois, le nombre est formidable des prêtres qui émigrent vers l'Amérique
du Sud.

On sait ce que fut la répression. La passivité
première des troupes et de la police espagnoles
est devenue depuis longtemps un procédé cruel.
On laisse le peuple manifester, se grouper,
s'enthousiasmer, arborer les étendards qu'il lui
plaît, crier ce qu'il veut et, au moment où la
foule est bien compacte, sans sommation, on
tire à balles dans le tas. Cela se sait, malgré les
moyens barbares usités pour empêcher les
journalistes de faire leur devoir, menaces (et
exécutions) d'arrestations au mépris de tout
droit, censure impitoyable des télégrammes
de presse, saisie des journaux à la frontière, etc.
Il est curieux de considérer l'aspect des feuilles
catalanes publiées sous ce régime. Elles pré-
sentent des blancs et des noirs ordonnés à la
dernière minute par le capitaine général, et
cela aussi bien dans les journaux ministériels
que dans les autres. Les dépêches du Maroc sont
particulièrement réduites — et les déclarations
de La Cierva elles-mêmes n'échappent pas à la
censure. Certains exemplaires de *la Publicidad*
et de la *Veu de Catalunya*, pourtant bien sage

— trop sage, — sont dignes d'être conservés comme des documents introuvables dans les pays civilisés.

Faut-il ajouter que les mensonges les plus éhontés des communiqués officiels s'accompagnaient d'invraisemblables actes d'arbitraire et de cruauté. Nous avons entre les mains un document qui passa la frontière, malgré la vigilance gouvernementale, dans lequel un Catalan écrit (en se gardant de signer, bien entendu, mais l'écriture est reconnaissable) : « Ne m'envoyez pas de journaux français autres que ceux qui sont nettement cléricaux. Si vous agissiez autrement, vous me feriez envoyer en prison. »

Les terribles leçons qui furent données au gouvernement après la défaite de Santiago de Cuba et des Philippines, n'eurent aucune influence sur M. Maura et ses conseillers. L'atavisme réactionnaire se manifesta odieusement par la continuation de la vieille tradition d'intolérance et de fanatisme outrancier, qui règne depuis tant de siècles sur la péninsule.

On voulait tenir tête orgueilleusement au mouvement européen. On ne résiste pas au vent du siècle, où l'on se brise. Les éléments cléricaux et militaristes — ces derniers sont aujourd'hui plus inquiétants que les autres en Espagne pour l'ordre et le régime lui-même — se félicitèrent bientôt de l'activité des conseils de guerre qui, en deux semaines, terminèrent l'instruction de plus de mille procès (*Correspondencia Militar*) dont l'un — exemple choisi parmi cent condamnations à mort ou aux travaux forcés à perpétuité — eut pour résultat de faire octroyer 18 années de prison à un adolescent de seize printemps !... Ah ! certes, si la campagne du Riff n'était guère étincelante, celle de Barcelone s'avérait féconde en succès : cambriolages des rédactions de journaux, application frénétique de lois d'exception, incarcération, tellement nombreuses que le ministre de l'intérieur déclarait, le 27 août, à Madrid, que « les prisons de Barcelone re« gorgeant de détenus, il devenait nécessaire « d'utiliser celles des autres villes de la région « catalane », etc...

Au surplus, la Catalogne ne souffrit pas seule de ces mesures. Partout où le prolétariat est nombreux, en Galicie, à Valence, à Madrid même, les geôles s'emplirent. Et le sang coula. On vit, à Barcelone, un malheureux, manqué volontairement par le peloton d'exécution, être abattu comme un chien, d'un coup de revolver par l'officier chargé de faire les commandements. Nous ne finirions pas si nous voulions seulement énumérer tous les crimes qui se commirent par la faute de M. Maura. N'oublions pas que nous nous occupons de Francisco Ferrer.

On l'a vu pendant tout ce récit, son nom ne vint pas une fois sous notre plume. Où était Ferrer ? Que faisait-il pendant ces événements ?

Quelques jours avant la grève, il avait quitté Londres pour accourir au chevet de sa nièce et de sa belle-sœur gravement malades.

Rien, lorsqu'il s'embarqua pour l'Espagne, n'annonçait les émeutes qui devaient, quelques jours plus tard, déchirer la Catalogne.

La nièce du directeur de l'*Ecole Moderne* ne tarda pas à succomber, et, comme son autre parente entrait en convalescence, aucun motif ne le retenant plus dans son pays, il résolut de regagner l'Angleterre.

Une lettre qu'il reçut avant de repartir modifia ses dispositions : un ami lui demandait des renseignements circonstanciés sur une société d'électricité de Barcelone. Ferrer, qui fut toujours l'obligeance même, voulut les lui fournir aussi complets que possible. Il prolongea donc son séjour en Espagne pour se documenter aux sources.

Ce fut sa perte.

Autour de lui, les événements se précipitaient ; la grève générale était votée ; les premiers troubles venaient le surprendre ainsi que chacun. Cependant, il profitait de la prolongation de son séjour pour régler la publication du dernier livre traduit de Kropotkine.

Les faits nouveaux s'accumulaient. Ferrer, qui ne croyait pas le peuple catalan capable d'une telle activité révolutionnaire, écrivait le 8 juillet à l'un de ses amis, pour lui dire son étonnement devant les manifestations spontanées qui se déroulaient.

Il ne voulut pas croire, tout d'abord, malgré

l'expérience de 1906, qu'on allait l'impliquer dans les troubles. Il lui fallut bientôt, pourtant, se rendre à l'évidence. Non seulement on voulait l'inquiéter, mais on l'accusait, au mépris de toute vraisemblance, d'être l'unique fauteur de la révolution.

Les réactionnaires trouvaient l'occasion excellente et cherchaient évidemment leur vengeance demeurée incomplète la première fois, dans des circonstances analogues.

Les procédés des prêtres et des soldats sont invariables en Espagne. Ferrer, aidé de son frère José, de l'admirable Soledad Villafranca et de plusieurs autres collaborateurs, parmi lesquels il est équitable de citer le vieux traducteur Anselme Lorenzo, avait rouvert ses anciennes écoles affranchies de tout dogme et bien d'autres, nouvelles, dans les principales cités catalanes. Avant les troubles, elles se multipliaient avec une remarquable rapidité. (Il faut bien que celui de nous qui publia il y a quelques années *la Question Catalane*, déclare que l'attitude prise en face de l'*Ecole Moderne* et du pouvoir central par l'aile droite de la *Solidaritad catalana* et par plusieurs dirigeants de la *Liga regionalista* dénote un état d'esprit aussi blâmable qu'inattendu.) Les élèves des écoles de Ferrer devenaient innombrables. Le sol croulait sous les pas du clergé. L'enfance presque tout entière échappait à l'Eglise sur cette terre catalane, qui fut toujours une des citadelles de la liberté. L'avenir

pouvait facilement se prévoir : c'était, à bref
délai, suivant la remarque de M. Bertrand, Si-
man, l'affranchissement complet des provinces du Nord-Est et de l'Est, Barcelone, Saragosse, Valence, Calatayud, Alcoy ; c'était
avant longtemps « la noble nation reprenant
sa place dans le concert européen avec les nations sœurs en marche vers le progrès indé-
fini ».

Ferrer avait vu clair ; ses ennemis y voyaient
aussi clair que lui. Ferrer, qui espérait peu ou
rien des générations actuelles, trop victimes
de la séculaire emprise religieuse (1), pensait,

(1) A propos des idées de Ferrer, une nouvelle lettre
de lui (voir celle adressée à M. Dinale), nous est communi-
quée par Mlle Henriette Meyer. Mlle Meyer nous écrit
en même temps : « J'aurais voulu la publier moi-même
« dans un périodique en l'accompagnant des réflexions
« qu'elle fait naître. Malheureusement, j'ai été et je suis
« encore extrêmement souffrante, ce qui m'a occasionné
« la très vive douleur de ne pouvoir, moi qui avais
« connu Ferrer et qui avais eu pour lui une affection
« très vive, me mêler aux glorieuses manifestations qui
« se sont produites à Paris depuis le 13 octobre.
« En 1902, Ferrer qui s'occupait de la fondation de
« l'École Moderne, me proposa d'en prendre la direc-
« tion. Je déclinai cet honneur en m'appuyant sur ce que
« j'étais à la tête d'un Comité pour l'abolition de la peine
« de mort qui me retenait à Paris. Il me répondit une
« lettre dont je détache le passage ci-joint.
« Veuillez agréer, etc...
« HENRIETTE MEYER. »

Voici donc la lettre de Ferrer :

Mademoiselle,

*Je ne puis que regretter la décision qui, en vous con-
servant à votre famille, vous empêche de venir vous
joindre à nous pour développer ici l'enseignement rationnel que nous sommes en train d'innover et dans lequel
nous mettons notre confiance.*

avec raison, que former une postérité d'esprits libres, c'était forger l'avenir vers lequel il se dirigeait, vers lequel l'humanité doit toujours tendre. Certes, pour l'Eglise, aux abois déjà dans la plupart des pays, Ferrer préparait la ruine définitive. C'était la fin irrémédiable dans leur dernier refuge, des superstitions, qui furent utiles peut-être jadis, mais qui, leur rôle achevé, veulent vivre du présent et de l'avenir comme elles vécurent du passé. Rien ne pouvait anéantir l'œuvre rationaliste, et rien ne pourra jamais l'anéantir. L'ennemi essayait, en se vengeant, pendant qu'il le pouvait encore, de l'entraver le plus possible.

Qu'on ne cherche pas à nier l'évidence. Nous tenons d'un des écrivains les plus distingués de l'Espagne nouvelle que, *dès le 12 août*, un député aux Cortès lui déclarait savoir qu'on attribuerait à Ferrer la paternité des événements et que l'ordre de capture allait être rédigé.

Le sens du rapport dressé par le *fiscal* du tribunal suprême, qui correspond chez nous

Pour changer la façon d'être de l'humanité, il n'y a pas, à mon avis, de chose plus urgente que l'établissement d'un système d'éducation tel que nous le comprenons et qui, portant ses fruits, facilitera la marche en avant et rendra la conquête de toute idée généreuse beaucoup plus facile. C'EST POURQUOI IL ME SEMBLE QUE TRAVAILLER DÈS A PRÉSENT A L'ABOLITION DE LA PEINE DE MORT OU A LA GRÈVE GÉNÉRALE SANS SAVOIR COMMENT NOUS ÉLÈVERONS NOS ENFANTS, C'EST COMMENCER PAR LA FIN ET PERDRE DU TEMPS.

Veuillez agréer, Mademoiselle, etc.

F. FERRER.

au procureur général de la Cour de Cassation, concorde en effet avec cette déclaration. L'accusation, dès qu'elle fut connue, parut tellement invraisemblable que, dans le monde politique, libéral et républicain, on crut que le *fiscal* du Tribunal suprême *bluffait*, et qu'il accusait Ferrer parce que tous les quotidiens avaient annoncé l'arrivée du professeur à l'étranger. Or, le gouvernement suivait son plan infâme. Il l'exécuta jusqu'au bout.

Perdant toute pudeur, l'évêque de Barcelone a le front d'envoyer, à ce moment, pour corser l'affaire « en son nom et au nom de tous les prélats de Catalogne, au chef du gouvernement, une respectueuse protestation contre les événements de juillet dernier et contre ceux qu'il en déclare responsables, c'est-à-dire les partisans des écoles sans Dieu, de la Presse sectaire et des cercles anarchistes qu'il faut supprimer. Dans le cas contraire, la paix entre les peuples ne serait plus possible. Il attend cette suppression des sentiments religieux du gouvernement, de son amour pour la patrie et de sa compassion pour les malheurs qui viennent d'accabler l'Eglise. »

Pour parachever son crime, il ajoute que « les derniers événements ont été le prélude de nouveaux attentats contre la patrie et la religion », ce qui équivaut, pour qui sait lire entre les lignes, à demander la tête de Ferrer.

Le 7 septembre, le jour où l'on jugea deux policiers qui, indignés, avaient fait feu sur la

force armée, on exécutait la première partie
des ordres du clergé en fermant 94 établissements « destinés à répandre l'instruction sans
caractère confessionnel » et en déportant à
outrance. La seconde partie des ordres épis-
copaux ne devait pas tarder à être exécutée de
même.

LES VALETS DU BOURREAU

Dès qu'il eut la certitude qu'il était en danger, Ferrer déserta la ville de Barcelone.

Comme les chemins de fer ne quittaient
plus les gares, il prit à pied la route de Mongat, où il arriva au milieu de la nuit.

Malgré toutes ses précautions, il ne tarda
pas à être arrêté par un certain Francisco
Bernadas, chef de la garde de nuit à Alella,
qui se rendait, en compagnie du maire de la
localité, à Granollers par la grand'route. Parvenus à environ un kilomètre du village, ces
deux individus entendirent un bruit de pas
dans la nuit, et ils aperçurent bientôt un
homme, porteur d'un appareil photographique
et d'un parapluie. Ils lui demandèrent son nom
et des pièces d'identité. L'homme répondit
qu'il n'aimait pas à être suivi, et il pria Bernadas et son compagnon de le laisser en paix.

Cette fière attitude lui paraissant suspecte,
le gardien insista. L'inconnu voulut bien indiquer alors qu'il avait eu un rendez-vous d'a-
mour avec une dame mariée, que l'époux
avait surpris l'adultère, et que, par consé-

quent, lui, l'amant, se voyait obligé de fuir.

Pressé de questions nouvelles par Bernadas, il déclara aussi qu'il avait assisté à un congrès d'esperanto, et il montra des lettres rédigées dans une langue inconnue des gardiens et du maire. Alors ceux-ci, flairant un mystère, appréhendèrent le voyageur et le livrèrent aux gendarmes. Ferrer n'avait pas été reconnu plus tôt, parce qu'il s'était entièrement rasé.

Peu après l'exécution, chacun des hommes qui s'étaient assurés de la personne du fondateur de l'*Escuela Moderna*, reçut du gouvernement de M. Maura un fusil d'honneur, portant gravé sur une plaque d'argent, une inscription rappelant cette arrestation et la date à laquelle elle fut opérée. Quel symbole ! quelle révélation ! quel ignoble aveu !... Mais les titulaires de ces affreux trophées auront — nous l'espérons pour eux — la pudeur, ou, à défaut, la prudence de ne pas les présenter à leurs petits-enfants.

Les réactionnaires, certains maintenant que Ferrer ne leur échapperait plus, ne se trouvèrent pas encore satisfaits. Ils frappèrent tout l'entourage de leur victime, d'Anselmo Lorenzo, sexagénaire, à Soledad Villafranca, noble femme, qui sut dompter sa douleur jusqu'à ce qu'elle apprît l'assassinat de son ami, — en passant par Cristobal Litran, célèbre vétéran du journalisme républicain. Quel jour ces événements jettent sur les inqualifiables agissements de la police espagnole ! Déportés

à Alcaniz, puis à Téruel en Aragon, les collaborateurs de Ferrer ne tardèrent pas à publier
dans les journaux républicains *El Païs* et *Espana Nueva* le document suivant, qui, mieux
que toutes narrations, reflète la vérité.

« A L'OPINION ET A LA PRESSE

« *Les soussignés, habitants de Barcelone,
bannis en premier lieu à Alcaniz et ensuite à
Téruel, sont réduits en une telle situation qu'il
leur est impossible de vivre. Ils réclament
leur droit à la vie, qui ne peut pas être supprimé par la suspension des garanties constitutionnelles, ni par les lois sur l'ordre public.*

« *Nous habitons une maison gardée jour et
nuit par les agents de police et les gardes civils. Nous ne pouvons sortir seuls. On ne permet même pas que deux de nous aillent dans
un endroit et deux autres dans un autre. Le
fournisseur et le facteur ne montent qu'accompagnés d'un agent. Nous ne pouvons rendre visite à personne. Il s'est même présenté
le cas suivant : un de nos camarades, ayant demandé l'autorisation de se rendre chez un voisin, eut besoin d'un permis spécial du préfet ;
la visite ne put avoir lieu que deux jours après
et en présence de l'indispensable agent. Chaque soir, à sept heures, on ferme notre maison, et, comme si le pont-levis d'une forteresse était levé, personne ne peut plus sortir.
Un de nos amis de Reus pria un habitant de
Téruel de rendre visite à l'un de nous. Il se*

rendit à la maison, mais un agent s'y opposa, disant qu'on lui avait donné l'ordre de ne nous laisser communiquer avec personne, ni même saluer personne.

« Traités de la sorte, nous devons renoncer à chercher du travail et à gagner notre vie. Jusqu'ici, nous avons vécu de quelques ressources prélevées sur le nécessaire de nos familles et de quelques dons de nos amis.

« Nous avons devant nous la perspective de la faim et de l'abandon.

« Notre condition même de bannis proclame notre innocence. Aucune accusation ne pèse sur celui qui n'est pas poursuivi. Et cependant on nourrit les prisonniers et on les laisse communiquer avec le dehors. Pour nous, il n'y a ni abri, ni pain, ni la visite d'un ami, ni même la simple commisération de votre prochain.

« Une telle situation est intenable. Si nous ne protestons pas, la faim, le froid et la misère nous tueront dans un bref délai. Devant un tel danger, convaincus de notre droit, nous protestons devant l'opinion publique par le moyen de son organe, la presse. Nous espérons qu'elle fera son devoir.

José Casasola, Cristobal Litran, Al-
fredo Meseguer, Anselmo Lorenzo,
Francisca, Concha, Mariana Loren-
zo, Mariano Batllori, José Villa-
franca, José Robles.

Téruel, septembre 1909 (1).

(1) Pour ceux qui douteraient de la sincérité de cet

On peut imaginer de quelle façon odieuse
ces malheureux doivent être traités pour que,
malgré leur vaillance, ils se résolvent à publier
un semblable appel. Nous aurons une idée
assez exacte de leurs souffrances en complé-
tant ce document par la conversation suivante
qui eut lieu entre une parente de Soledad Villafranca, revenant de Téruel et M. Paul Erio,
rédacteur au *Journal*, qui, peu suspect pourtant de ferrerisme, fut encore obligé, le
21 octobre, d'apporter son récit de Barcelone
à Cerbère, pour être sûr de le voir intégrale-
ment télégraphié.

« — Le 20 août, raconte le parent de Soledad, vers onze heures du matin, des agents de
police et des gendarmes se présentèrent au
Mas Germinal, à Mongat (1), et donnèrent
l'ordre à Mme Soledad Villafranca, au frère du

appel, voici ce que déclarent deux témoins oculaires,
deux Madrilènes, MM. Juan Rodriguez et Joaquin Nivas,
actuellement en Italie, mais qui passèrent par Marseille
et Nice — ils étaient encore dans cette ville le 25 octobre 1909.

« Le 3 septembre, écrivent-ils, nous arrivâmes à Téruel, où se trouve proscrite Soledad Villafranca, la compagne du malheureux Francisco Ferrer. Tous les efforts
que nous fîmes pour l'approcher furent inutiles et nous
nous heurtâmes toujours à la surveillance rigoureuse
dont cette femme était l'objet. Plus que proscrite, elle
paraissait condamnée à un isolement absolu. Son domicile, situé sur une grande place, était étroitement surveillé par des gendarmes et des agents de la police
secrète, qui ne laissaient approcher que les personnes
à son service. C'est sous l'impression douloureuse que
causa en nous ce semblant de liberté que nous quit-
tâmes Téruel le jour même où nous apprenions la nouvelle de l'incarcération de Francisco Ferrer.

(2) Propriété de Ferrer.

directeur de l'Ecole Moderne, José Ferrer, et à la femme de celui-ci, de se rendre sans tarder à Barcelone, afin de fournir au gouvernement civil certains renseignements relatifs aux troubles. Ils partirent immédiatement et ils étaient si bien convaincus que, dans la soirée, ils seraient de retour à Mongat que Mme José Ferrer n'hésita pas à emmener avec elle sa fillette, âgée de six ans, et à laisser au mas Germinal, sous la seule surveillance d'un garçon d'écurie, son fils, lequel vient d'atteindre sa douzième année. Les policiers et les gendarmes les accompagnèrent jusqu'à Barcelone et leur insistance à les suivre ne fut pas sans les inquiéter quelque peu. Néanmoins, ils étaient loin de se douter de ce qu'on leur ménageait.

« Arrivés à Barcelone, Mme Soledad Villafranca et M. et Mme José Ferrer et leur fillette se rendirent au palais du gouverneur civil. Ils furent aussitôt reçus. On les interrogea d'une façon asez sommaire ; puis le gouverneur leur annonça que, par ordre du gouvernement, ils allaient être expulsés et conduits à Alcaniz. Vous pouvez vous imaginer leur stupéfaction, mais on ne leur accorda pas le temps de protester. On permit seulement à Mme Soledad Villafranca d'écrire à sa mère pour lui demander de prendre soin de l'enfant des époux Ferrer laissés à Mongat, et en route pour la gare !

« Là, ils trouvèrent des compagnons d'exil arrêtés dans la nuit et dans les mêmes condi-

tions qu'eux-mêmes, et successivement ils reconnurent M. Anselmo Lorenzo, *et ses deux
filles, âgées de seize et dix-huit ans ;* Pepe Villafranca, frère de Soledad ; Cristobal Litran,
directeur de la maison d'éducation de l'*Ecole
Moderne*, et M. Batllori, administrateur de l'*E-
cole Moderne*.

« Le train qui devait emmener les exilés
était en gare. On les fit monter à la hâte dans
des wagons de troisième classe, en compagnie
de gendarmes chargés de les surveiller.

« Jusqu'à Alcaniz, si le voyage ne fut point
gai, il ne fut marqué toutefois par aucun incident. Il devait en être autrement dans la résidence désignée par le gouvernement espagnol à
l'amie et aux disciples de Ferrer, ainsi qu'aux
enfants de ces derniers. A Alcaniz, en effet, non
seulement personne ne voulut loger les exilés,
mais la population, *ayant été avisée que Soledad
Villafranca et ceux qui l'accompagnaient*
étaient des anarchistes dangereux, témoigna
bientôt à leur égard de sentiments hostiles.
On les hua, on les cribla de pierres, et il fallut
que le maire d'Alcaniz usât de toute son autorité pour empêcher qu'ils ne fussent lynchés.
La fureur des habitants envers les amis de
Ferrer était si inquiétante que le maire jugea
utile d'informer le gouvernement civil de Barcelone, qui donna alors l'ordre de conduire
les exilés à Téruel.

« Dans cette dernière ville, ils ne furent
guère mieux reçus qu'à Alcaniz. On ne leur

jeta pas de pierres, on ne les insulta pas ; mais,
étant parvenus à se loger dans un hôtel, ils
durent presque de suite l'évacuer, le proprié-
taire de l'immeuble ayant menacé le directeur
de cet hôtel, son locataire, de le faire expulser
s'il conservait dans sa maison Soledad Villa-
frança et ses compagnons. Voilà donc les exilés à nouveau sans domicile et errant dans la
rue, toujours accompagnés des gendarmes.

« Enfin, ils finissent par découvrir un immeuble à quatre étages qu'ils peuvent louer,
où ils sont encore installés actuellement et
dans lequel, depuis, ils ont donné asile à quelques Espagnols exilés qui n'avaient point
réussi à se trouver un domicile.

« — Sont-ils surveillés ?

« — Au début, la surveillance fut exces-
sive. Les policiers s'étaient installés devant la
porte même de la maison habitée par les exilés, dans une cabane de bois qu'ils s'étaient
fait construire à cet effet. Ils ne permettaient
aucune visite, et M. Batllori, indisposé, ayant
été obligé de faire appeler un médecin, deux
policiers assistèrent à la consultation pour se
rendre compte du mal dont était atteint l'administrateur de l'École Moderne. Maintenant,
la surveillance exercée autour des exilés est
beaucoup moins sévère.

« — Quand Soledad Villafranca apprit-elle
la mort de Ferrer ?

« — Voici. D'abord, il faut que je vous dise
que Ferrer, durant son emprisonnement, ne

put faire parvenir qu'une seule lettre à son
amie. Celle-ci souffrait naturellement de ce
manque de nouvelles ; mais, cependant, elle
n'était point trop inquiète. Il en fut tout autrement lorsqu'elle apprit que Ferrer avait été
condamné à mort par le conseil de guerre et
surtout lorsqu'elle connut son transfert à
Montjuich.

« Lorsque cette tragique nouvelle lui parvint, elle eut une crise nerveuse atroce. Tous
ceux qui se trouvaient autour d'elle crurent
qu'elle allait devenir folle. Enfin, grâce aux
soins dévoués qui lui furent prodigués, elle se
calma ; mais elle ne cessait de pleurer. Sur ces
entrefaites, elle reçut une lettre adressée de
Barcelone par un ami de Ferrer. Dans cette
lettre, on lui conseillait de télégraphier à la
reine pour implorer la grâce du directeur de
l'*Ecole Moderne* et l'on demandait aux autres
exilés d'envoyer, dans le même but, un télégramme collectif au roi Alphonse XIII et à
M. Maura, président du conseil des ministres.
On écouta les avis donnés dans cette lettre et,
personnellement, Soledad Villafranca fit parvenir à la jeune reine un télégramme tou-
chant. Il devait être bien inutile !

« Mais, à partir de ce moment, Soledad Villafranca se rendit compte que l'on ne gracie-
rait pas Ferrer. Malade, elle s'alita et ne prit
aucune nourriture, et, la nuit, elle ne pouvait
dormir. Pourtant, elle s'efforçait de paraître
calme.

« Plusieurs journées se passèrent ainsi.

« Enfin, par les journaux, les exilés apprirent l'exécution de Ferrer. Avec soin, ils cachèrent l'affreuse nouvelle à Soledad Villafranca ; mais, bientôt, elle devait la connaître. Un matin, c'était le surlendemain du drame de Montjuich, elle appelle son frère :

« Ferrer est mort, lui dit-elle, j'en ai le pressentiment. Dis-moi la vérité. Tu vois, je suis forte. Apporte-moi les journaux. »

« M. Pepe Villafranca voulut lui persuader qu'elle se trompait ; mais elle insista, elle lui fit si bien comprendre qu'il était inutile de lui cacher la vérité, qu'elle l'avait devinée, qu'on lui remit un journal. Sa manchette, en gros caractères, portait : « FERRER EST FUSILLÉ ! » En apercevant ces mots, Soledad Villafranca poussa un long cri de douleur et elle s'évanouit.

« Maintenant, continue la personne qui m'avait donné ces détails, la pauvre femme, que sa mère est venue rejoindre, pleure, inconsolable, la mort de celui qui, pour elle, ne fut qu'un ami, un homme bon et juste qu'elle aimait. »

AVANT LE CRIME

Lorsqu'on apprit que Ferrer allait comparaître devant une Cour martiale, pour sa prétendue participation aux émeutes de Barcelone, l'émotion fut intense dans l'Europe entière. Elle devait bientôt, hélas ! grandir encore !

De nombreux membres de l'Université
adressèrent immédiatement à M. Maura, président du conseil des ministres d'Espagne, ce
télégramme :

« Opposés par principe à toute procédure
d'exception, les soussignés, universitaires
français, expriment respectueusement à M.
Maura, l'espoir que M. Ferrer sera restitué à
la justice ordinaire. »

La première des dix listes, qui furent couvertes de signatures, comprenait notamment
les noms de MM. Charles Andler, V. Basch,
G. Bloch, professeurs à la Sorbonne ; P. Girard, membre de l'Institut, professeur à la
Sorbonne ; Sylvain Lévi, professeur au Collège de France ; Lévy-Bruhl, professeur à la
Sorbonne ; Painlevé, membre de l'Institut,

professeur à la Sorbonne et à l'Ecole Polytechnique ; Mario Roques, chargé de cours à la Sorbonne ; Is. Lévy, maître de conférences à l'Ecole des Hautes-Etudes ; Paul Dupuy ; G. Belot, professeur de philosophie au lycée Louis-le-Grand ; Le Senne, Gernet, Roques, Herts, M. Bloch, Cloché, A. Girard, A. Thomas, Faral, Gau, Pariselle, Darmois, Besch, Dupont, J. Villey, Masson, Henriot, Tibal, Lœwé, Leroux, agrégés de l'Université ; docteur Wallon, Gilly ; Ritter, archiviste paléographe ; Challaye, agrégé de philosophie, président de la *Ligue française pour la défense des indigènes du Congo* ; L. Bloch, docteur ès lettres, etc...

La presse, tant en France qu'à l'étranger, s'associa à ces généreuses démarches et demanda que les formes ordinaires de la procédure criminelle fussent respectées.

The Spectator, revue anglaise d'opinion modérée, s'exprimait ainsi, le 2 octobre 1909 :

« La situation de Ferrer, qui doit être traduit devant une Cour Martiale, lui a gagné beaucoup de sympathies, dans toute l'Europe. A Paris en particulier, de pressantes interventions ont été faites par M. Anatole France et par d'autres écrivains, afin d'obtenir son acquittement. Ferrer a accompli, selon nous, une bonne œuvre d'éducation et il a dépensé sa fortune à fonder l'*École Moderne* de Barcelone. De telles institutions excitèrent naturellement la haine du parti clérical. Sans doute

Morral, qui jeta une bombe contre Alphonse **XIII** il y a trois ans, faisait partie de cette
société, mais il ne complota pas avec Ferrer ;
celui-ci est connu comme un homme de
mœurs policées (*gentle habits*) ; il est, aussi,
philosophe : tout cela nous porte naturellement à avoir pour lui de la sympathie, (*All
these things naturally incline us to sympathy*)
quoique nous reconnaissions que des hommes
d'action, qui répugneraient à l'emploi de
bombes, causent parfois les excès des autres.

« Les autorités espagnoles estiment que Ferrer est l'instigateur des troubles de Barcelone.
Ce n'est pas au gouvernement anglais à leur
dicter leur devoir ; mais tous, nous espérons
que le procès, qui va commencer, sera dirigé
en toute impartialité et qu'il sera entouré de
la publicité nécessaire.

« S'il n'en était pas ainsi, le gouvernement
espagnol, serait le premier puni et les conséquences d'une telle erreur seraient profondément ressenties par lui dans l'avenir. »

Lorsqu'on apprit dans quelles conditions se
déroulait ce singulier procès, les protestations
se firent plus véhémentes. Des réunions tu-
multueuses eurent lieu à Paris, au Tivoli-
Vauxhall ; plus de quatre mille personnes y
prirent part. A la Haye, d'imposants cortèges
parcoururent les rues. A Rome, des meetings
nombreux furent organisés place Campo-dei-
Fiori, devant la statue de Giordano Bruno.

Nous voici au 11 octobre : la nouvelle de la

condamnation à mort de Ferrer n'est pas encore officiellement connue. Cependant, un sinistre pressentiment étreint les cœurs ; les démarches se font plus nombreuses, plus pressantes auprès du gouvernement espagnol : une pétition, signée par les directeurs des grands quotidiens anglais et les présidents de plusieurs sociétés d'éducation, est câblée au roi, pour solliciter sa clémence en toute éventualité ; une autre, mise en circulation dans la société de Lisbonne, se couvre en quelques heures, de six mille signatures. A Paris, les hommes de cœur s'unissent pour arracher Ferrer à la mort qui le guette — on le sent !

Une protestation circule au Palais ; la plupart des avocats y apposent leur nom, sans distinction d'opinions politiques ou religieuses. La voici :

« Les avocats soussignés, membres du barreau de Paris, profondément émus des dernières nouvelles publiées au sujet du procès Ferrer, protestent, au nom des droits de la défense méconnus, contre toute condamnation qui frapperait un accusé après un semblable simulacre de justice et s'élèvent avec indignation contre l'arrestation du défenseur de Ferrer, le capitaine Galceran. »

Dans plusieurs villes, cet exemple généreux est suivi.

Les heures s'écoulent et la grâce tant souhaitée n'est pas annoncée. Une censure impitoyable arrête toutes nouvelles venant d'Espagne.

Les bruits les plus sinistres circulent : Ferrer serait condamné à mort et à la veille d'être exécuté...

Ses partisans, ses défenseurs ne perdent pas courage. Ils redoublent de zèle. Partout, on signe en hâte des pétitions, on vote des ordres du jour faisant appel à la clémence royale. Des affiches sont placardées sur les murs de Paris. Citons-en une :

AUX FRANÇAIS !

FERRER N'A PAS ÉTÉ INTERROGÉ PAR SES JUGES.

AUCUN TÉMOIN N'A ÉTÉ ENTENDU.

SON DÉFENSEUR EST ARRÊTÉ.

POUR CACHER PENDANT QUELQUES HEURES SON CRIME JUDICIAIRE, LE GOUVERNEMENT ESPA-GNOL A ACHETÉ LES AGENCES D'INFORMATION.

UNE DES PLUS GRANDES INIQUITÉS DES TEMPS MODERNES EST AU TROIS QUARTS CONSOMMÉE.

FRANÇAIS, VOUS NE PERMETTREZ PAS QU'ON L'ACHÈVE !

Pour le Comité :

ALFRED NAQUET, C. A. LAISANT, CHARLES ALBERT.

Enfin, l'une des fillles de Ferrer, Paz, désespérée par les nouvelles alarmantes, envoie, de Paris, au roi Alphonse XIII, cet émouvant télégramme, qui aurait dû toucher le cœur de cet homme jeune, de ce fils, de ce père — sinon de ce roi :

A. S. M. el Rey de Espana, Madrid.

Rey muy Christiano, que para un pueblo caballeroso simboliza la generosidad y la omnipotencia, no rechazad la humilde y ardiente suplica de la hija de Ferrer.

O rey ! que como Dios mismo podeis disponer de la vida o muerte, disipad por un arranque de vuestro noble corazon la amargura de mi alma y escuchad la humilde y ardiente suplica de la hija de Ferrer.

Paz Ferrer (1).

Et, sur cet appel déchirant, l'univers attend, dans l'angoisse...

Obtiendra-t-il du chef d'une race chevaleresque le geste de clémence, le geste de justice qu'il a sollicité ?...

Et que s'est-il passé là-bas, si loin, — si près ?...

(1) Traduction : « A sa Majesté le Roi d'Espagne, Madrid.

« Roi très chrétien, qui, pour un peuple chevaleresque, symbolisez la générosité et la toute-puissance, ne dédaignez pas l'humble et ardente supplique de la fille de Ferrer.

« O roi ! qui, comme Dieu lui-même, pouvez disposer de la vie ou de la mort, dissipez par un élan de votre noble cœur l'amertume de mon âme et écoutez l'humble et ardente supplique de la fille de Ferrer.

« Paz Ferrer. »

LE GUET-APENS JUDICIAIRE

Ferrer arrêté et retenu dans l'une des prisons de Barcelone, de longs mois furent employés par les magistrats instructeurs, pour réunir des charges contre lui.

Pendant plusieurs jours, la maison de l'inculpé fut l'objet de perquisitions minutieuses, au point qu'elle en devint inhabitable ; on ne découvrit aucun document compromettant, ayant trait aux émeutes du mois de juillet 1909.

De nombreux témoins furent interrogés ; on demanda à plus de deux mille détenus s'ils avaient reçu des ordres ou des conseils du directeur de l'*Ecole Moderne* ; la plupart déclarèrent ne pas le connaître ; un seul dit : « Je crois que Ferrer est un homme politique. »

Toutes les dépositions furent recueillies par écrit, en présence du juge. C'est sur ces pièces que plus tard l'on devait s'appuyer pour réclamer une condamnation à mort.

A l'audience, en effet, les interrogatoires des témoins et les déclarations du prévenu furent simplement lues dans son acte d'accusation

par l'officier remplissant les fonctions de ministère public ; les personnes précédemment
entendues ne furent pas appelées à la barre
pour répéter et préciser, contradictoirement
avec l'accusé, les différents faits avancés par
elles. Et l'on ose prétendre qu'une instruction
ainsi conduite est légale, qu'elle offre à la défense des garanties suffisantes d'impartialité !

Nous disons, nous, au contraire, que, dans
un pays civilisé, une telle procédure ne peut
être admise par la loi.

C'est se faire d'étranges illusions sur la nature humaine, que de méconnaître que, devant un magistrat d'expérience, les interrogatoires des témoins ne soient le plus souvent
ce que celui-ci veut les faire.

L'individu appelé est introduit dans le cabinet
du juge ; il est impressionné par le milieu
dans lequel il se trouve, par les questions mul-
tiples qu'on lui pose. S'il semble favorable à
l'accusé, on trouve des contradictions dans ses
paroles, on le menace, on le traque, on le ré-
duit ; si, au contraire, il paraît peu disposé en
sa faveur, on le flatte, on fait les réponses en
ses lieu et place, et, finalement, on en arrive
à lui faire dire beaucoup plus qu'il ne pouvait
savoir et, parfois, même, le contraire de sa
pensée. Peut-on admettre, un seul instant,
que l'inculpé ignore, pendant de longues semaines, l'inique complot qui se trame contre
lui et qu'il ne l'apprenne que le jour où il lui
est presque impossible de se défendre utile-

ment ? De tels procédés renversent les notions que nous pouvons avoir du droit et de l'inviolabilité de la personne humaine.

Voici l'instruction close ; Ferrer va comparaître devant la Cour Martiale appelée à le juger.

Les garanties constitutionnelles ont été suspendues, en effet, dans la Catalogne. Depuis le mois de juillet, l'état de siège a été proclamé et, dans ces circonstances exceptionnelles, les tribunaux militaires sont substitués aux juridictions ordinaires, pour la répression des crimes et des délits commis en temps d'émeute.

Mais ce qui semble logique et rationnel, en période de révolution, quand on est en présence de manifestants arrêtés les armes à la main, ou d'individus fortement soupçonnés d'avoir pris une part directe et effective au soulèvement, ne se comprend plus lorsqu'on se trouve à quatre mois de ces événements et que tout est rentré dans l'ordre. La seule juridiction compétente était, de droit, la Cour d'Assises.

Or, on n'ignorait pas que le jury eût acquitté Ferrer. Ce fut une première iniquité que de le renvoyer devant un conseil de guerre qui n'offrait aucune garantie ni de compétence, ni d'indépendance, ni d'impartialité.

Nous avons à cœur de mettre en lumière un acte sur lequel on n'a pas, à notre avis, suffisamment insisté.

Avant le jour de l'audience, on s'est appli-

qué longuement à donner au quasi-million-
naire Ferrer l'aspect conventionnel de l'anarchiste famélique et du délinquant de droit
commun. On l'a fait avec cette science de la
mise en scène, qui constitue, aujourd'hui,
l'avant-dernier moyen d'existence des prêtres
— le dernier restant toujours la force de l'habitude. On soumit ce travailleur sur le retour
de l'âge à un régime affreux de séquestration,
de manque d'hygiène et de malpropreté. On
l'habilla — avant de mourir il a décrit tout
cela — d'un complet de miséreux et on lui
refusa non seulement un de ses habits, mais
même le moindre mouchoir. Quand, à force
de volonté, il eut résisté longuement à ce régime barbare, quand sa barbe à peine repous-
sée et son visage terreux et émacié lui eurent
donné un air antipathique à souhait, on l'introduisit dans la salle du Conseil.

On le voit, l'accusation ne négligeait aucun
détail. Dame ! puisque ses chefs d'accusation
étaient tous de cet aloi !...

Il y a des crimes que l'on ne châtiera jamais
assez cruellement quoi qu'on fasse.

Arrivons à la procédure publique. Elle ne fut
pas moins critiquable à l'audience qu'à l'instruction. Aucune loi ne saurait l'expliquer ou
la couvrir.

Sans doute, les débats — si l'on peut appeler
ainsi la lecture des témoignages, le réquisitoire et la défense, — furent publics ; mais la
sentence ne fut pas rendue dans les délais nor-

maux ; elle ne fut connue de l'accusé que peu
de temps avant son exécution, alors qu'elle
était déjà... approuvée par l'autorité supé-
rieure.

Ainsi Ferrer se vit privé du second degré de
juridiction, auquel tout condamné a droit, en
principe. Il ne put même pas rédiger un appel
à la clémence royale. Son avocat n'eut pas la
faculté d'attirer l'attention de magistrats plus
éclairés sur certains vices de formes, sur certaines erreurs dans la procédure. La sentence
fut immédiatement exécutée, comme si l'on
craignait que la lumière se fît trop tôt sur ce
simulacre de jugement et que le condamné
put encore être ravi à ses bourreaux.

Il est vrai de dire que la procédure des Cours
Martiales réunies dans les villes en état de
siège, est essentiellement sommaire. Le temps
presse ; l'émeute gronde au dehors ; il convient
de *faire des exemples* et d'organiser une
prompte répression.

Mais ici tel n'était pas le cas. Les troubles,
nous ne saurions trop le répéter, avaient eu
lieu à la fin du mois de juillet 1909 ; Ferrer
comparut, pour la première fois devant ses
juges, le 9 octobre, alors que tout était rentré
dans le calme. Aucune raison n'explique donc
une telle précipitation, une telle méconnais-
sance des droits de la défense.

Dans aucun pays civilisé, les choses ne se
seraient passées ainsi. Tous les codes, même
en ces circonstances exceptionnelles, donnent

un minimum de garanties aux inculpés. En France, la principale simplification de la procédure consiste en ce que l'information écrite est supprimée et remplacée par une instruction orale ; de plus, l'accusé a le droit de communiquer librement avec l'avocat qu'il s'est choisi et, sans formalités, ni citations préalables, de faire entendre à sa décharge tout témoin présent à l'audience et qu'il aura désigné au commissaire du gouvernement rapporteur, avant l'ouverture des débats ; enfin le condamné peut, en principe, se pourvoir en révision, dans le délai et suivant les formes prévues.

Le système belge se caractérise aussi par la possibilité de l'appel, pour la plupart des justiciables ; il en est de même en Italie et en Angleterre ; en Allemagne, le condamné a plusieurs voies de recours et le jugement, lorsqu'il entraîne la peine de mort, ne peut être exécuté qu'après la ratification de l'Empereur ; le code russe institue aussi une procédure orale, avec publicité des audiences : le huis-clos peut être prononcé, mais, dans ce cas, l'inculpé a le droit de se faire assister de trois personnes de sa famille ou de sa connaissance.

Le procès de Ferrer se déroula donc dans des conditions absolument anormales. Une telle comédie judiciaire laisse prise à tous les soupçons.

Les débats commencèrent le 9 octobre, à huit heures du matin, dans la salle de la Carcel Celular.

A l'heure dite, le Conseil de guerre entre en séance ; il est composé de la façon suivante :

Président : don Edouardo Aguirre de la Calle, lieutenant-colonel du régiment d'infanterie de Mallorca.

Conseillers : les capitaines don Pompeyo Marti Monferrer, et don Sebastian Carreras Bortas, du 4ᵉ régiment mixte du génie ; don Marcelino Dyaz Casabuena, du 9ᵉ régiment d'artillerie montée ; don Manuel Llianos Terriglia, du régiment de Mayorque, don Aniceta Garcia Rodriguez, de la zône de recrutement de Barcelone, et don Julio Lopez Marzo, du régiment d'infanterie d'Alcantara.

A droite du tribunal, prend place le juge instructeur, don Valerio Raso Negrini, qui a devant lui le volumineux dossier de l'instruction, et un autre cahier un peu moins important, mais beaucoup plus considérable que dans la plupart des causes, et qui est son rapport.

Le *fiscal*, organe du ministère public, capitaine d'infanterie du régiment de Vergara, don Jésus Marin Rafalès, prend place entre le juge d'instruction et le tribunal. A une autre table, placée à gauche, s'asseoit le défenseur de l'accusé, le capitaine du génie don Francisco Galceran.

Le président déclare le Conseil de guerre constitué. Il appelle l'accusé, Francisco Ferrer y Guardia, qui fait son entrée avec le plus

grand calme, entre deux haies du régiment
d'infanterie de Grenade.

En arrivant, Ferrer salue le tribunal et le
public d'une inclinaison de tête et, déférant
aux ordres du président, va occuper un siège
entre le juge instructeur et son défenseur. Il
est vêtu d'un minable complet veston gris. Il
ne porte plus la moustache et la barbe en
pointe. Il demande au tribunal de l'excuser
s'il ne comparaît pas dans une tenue plus ap-
propriée à la circonstance. Il essaie de formu-
ler une protestation, mais le président l'inter-
rompt en lui disant que le moment n'est pas
opportun.

Les formalités préliminaires accomplies, le
juge instructeur, commandant d'infanterie
Valerio Raso Negrini, commence la lecture de
son rapport, document très étendu, qui comprend plus de cinquante pages. En voici un ex-
trait, qui est la synthèse complète de toute la
partie capitale du procès :

« Le chef de la police de Barcelone déclare
avoir eu l'occasion de se rendre compte du
travail constant des éléments anarchistes, souvent favorisé, du reste, par le parti républicain avancé. Ferrer y Guardia est un anarchiste fervent, grand propagateur des idées de
ce genre, et qui soutient ici l'*Ecole Moderne*,
pour inculquer ses théories à la jeunesse. Après
avoir été absous dans le procès qui lui fut intenté à Madrid, à l'occasion de l'attentat de
Morral, il vint à Paris, où il devint l'un des

éléments les plus actifs de la Confédération générale du travail (1).

« Depuis cette époque, il a fait de nombreux voyages à Londres, pour se mettre en relations avec les révolutionnaires de marque et avec les anarchistes les plus connus ; puis, il rentra à Barcelone où il se trouvait, au moment où allaient éclater les troubles, par une coïncidence étrange — ou naturelle, — étant données ses attaches avec le journal *El Progreso*, dont on connaît la campagne.

Du témoignage du sergent de la garde civile, Manuel Velaquez, il résulte que Ferrer a fait de nombreux voyages à Masnou, localité voisine de Barcelone, où il a harangué la foule et cherché à entraîner les exaltés pour les amener à venir défendre à Barcelone, les armes à la main, leurs frères écharpés et assassinés par la force publique.

Un barbier de la même localité, Francisco Domenech, donne d'intéressants détails sur les séjours et le travail d'excitation et de propagande de Ferrer dans cette même ville de Masnou et sur ses allées et venues de Barcelone, durant la nuit du 26, détails habilement relevés par le *fiscal* dans son répertoire. Il indique, dans sa déclaration, les relations de Ferrer avec Calderon, Fond, Litran et la femme de celui-ci, et les commissions dont celui-là chargea Litran, pour des membres de la So-

(1) Il est superflu d'insister, n'est-il pas vrai, sur l'inanité de cette accusation.

ciété ouvrière ; enfin il parle du refus de Emiliano Iglesias et d'autres radicaux, de signer un document dans lequel on demandait la suspension de l'embarquement des troupes pour Melilla sous menace de révolution. Il affirme ensuite que, dans la nuit du 26, pendant laquelle il se trouvait avec Ferrer, au moment où il passait dans la rue de la Prinsesa, ils furent arrêtés par deux personnages ; l'un, d'après Ferrer, s'appelait Moreno ; quant à l'autre, il ignore qui il était. Ferrer demanda à Moreno d'où il venait. Celui-ci répondit qu'il venait de la rédaction du *Progreso*, où il y avait un certain nombre de représentants de la Solidarité Ouvrière, réunis pour chercher un terrain d'entente avec le parti radical. Ferrer invita alors Moreno à y retourner ; mais celui-ci répondit qu'il s'était assez compromis. Il ne se passa rien de plus. Ce jour-là était le mardi. Mais le mercredi, vers dix heures, Ferrer se présenta chez le barbier et lui demanda d'aller chercher le président du comité républicain, nommé Jean Puig. Il proposa à ce dernier de se rendre à l'hôtel de ville pour proclamer la République. Ce fut Ferrer qui manifesta cette intention. Tous deux partirent ensuite pour Premia de Mar, localité voisine ; d'où ils revinrent, vers une heure de l'après-midi. Les gens du pays, comprenant que Ferrer voulait les compromettre, l'abandonnèrent. Ferrer quitta sa maison le jeudi 29. On ne le revit pas depuis lors.

Dans une autre déclaration, Domenech dit qu'il a à rectifier quelques détails. Par exemple, ce n'est pas au café Aribau, mais au coin de la rue de l'Université, qu'il rencontra Fond et les personnes qui l'accompagnaient ; le nommé Moreno, après avoir répondu qu'il s'était déjà trop compromis, ajouta : « Malheur à celui qui faiblira ; nous traiterons les traîtres comme on fait en Russie ! » Le témoin ajoute que ses relations avec Ferrer ont été celles qu'il pouvait avoir avec n'importe lequel de ses clients et que, s'il l'a accompagné, c'est qu'il avait justement affaire à Masnou, dans la matinée, et que Ferrer lui ayant demandé de venir avec lui, il avait accédé à son désir, sans connaître les mobiles qui l'amenaient à Barcelone. Lorsqu'il les connut, il se repentit de l'avoir accompagné.

Juan Puig Ventura n'avait aucune relation avec Ferrer ; celui-ci, le mercredi matin, l'envoya chercher en le priant de venir à la boutique du coiffeur. Là ils s'abordèrent comme s'abordent deux personnes de la même localité ; Ferrer dit à Puig qu'il fallait seconder le mouvement de Barcelone. Puig lui répondit qu'à Masnou, tous les habitants étaient pacifiques. Alors Ferrer conseilla de commencer par les exciter de telle sorte que plusieurs allassent brûler les couvents et les églises. Le témoin déclara à Ferrer qu'il ne pensait pas que ce fût là le moyen d'établir la République. — Juan Puig croit que ce qui est arrivé est dû à l'inspiration de Ferrer ; il ajoute que celui-ci a dit qu'il avait proposé à Iglesias, à Vinaixa, à Pich, à Arnid et à plusieurs autres, de rédiger un manifeste contre le gouvernement.

Le lieutenant-colonel de la garde civile don Leoncio Ponti déclare savoir, PAR DES CONFIDENCES, que Ferrer a pris une part active au mouvement de rébellion à Masnou et à Premia de Mar.

Don Vicente Puig, juge municipal de Premia de Mar, dit que le 28, à midi, Ferrer eut une entrevue avec l'alcade, l'alcade-adjoint et l'employé du secrétaire de la mairie, et que c'est à deux heures de l'après-midi que la foule commença à envahir le chemin de fer et mit le feu à l'édifice qui sert de magasin. Le bruit circula que Ferrer avait fait venir un groupe d'individus, munis de dynamite, pour détruire le couvent des Frères de la doctrine chrétienne.

Le rapport du juge instructeur porte qu'il résulte du procès-verbal de la perquisition faite dans la maison de Ferrer, à Mongat, qu'on y trouva une lettre d'Anselme Lorenzo, une autre écrite en français, trois feuilles de papier avec des signes conventionnels, des codes de traduction, des documents nombreux et des objets qui compromettent Ferrer.

Soledad Villafranca affirme que Ferrer a été à Barcelone le 26 juillet, pour s'entendre avec le señor Urena, graveur, au sujet d'une publication.

Le rapport du juge retrace ensuite le premier interrogatoire de Ferrer.

Celui-ci déclare que, depuis son acquittement dans le procès relatif à l'attentat Morral, il a été constamment surveillé de près par la police, ce qui ne le gênait en rien. Ni le 24, ni le 25 juillet, ni quatre ou cinq jours auparavant, il n'avait quitté Mongat ; il ne le fit que le 26, à 8 heures, pour venir à Barcelone où il avait à faire différentes courses, et spécialement à s'informer du prix que lui coûterait l'édition d'une œuvre nouvelle ; il se rendit alors à son domicile de Barcelone, où il trouva le graveur qui l'attendait ; il quitta ensuite sa maison, fit toutes ses courses à pied et entra au Café Suisse pour déjeûner : il ne le fit pas, le garçon l'ayant reçu d'une manière inconvenante ; il se rendit alors à la Maison Dorée, où il prit son repas seul. Il donna l'ordre de porter à la gare de France une caisse contenant un vêtement et cela avant six heures dix, car il pensait prendre le train qui démarre à cette heure ; il ne put exécuter ce projet, la voie étant coupée. Alors il se décida à retourner à Mongat à pied, ce qu'il ne fit que plus tard, après avoir soupé et pris son café. Il arriva à Mongat à cinq heures du matin et il ne quitta pas le pays jusqu'au 29 au matin, date à laquelle il se rendit chez des amis, espérant que les esprits se calmeraient. Il avait entendu dire, en effet, par une fille d'Alella qu'il s'était mis à la tête des révolutionnaires qui avaient brûlé un couvent à Premia. Il ajouta qu'il ne voulait pas nommer la famille qui lui avait donné l'hospitalité, et qu'il avait été arrêté sur le chemin de Masnou, par le *somaten* d'Alella.

Ferrer opposa un démenti formel aux déclarations des témoins à charge, d'après lesquels il aurait appartenu à un parti quelconque ; il dit qu'il avait consacré toute sa vie à l'éducation scolaire, poursuivant la régénération de la race humaine et qu'il considérait la révolte qui s'était produite comme le résultat spontané du mécontentement général.

Il exprima une grande confiance dans sa libération immédiate et attribua les événements aux provocations de la police et de la garde civile.

L'acte d'accusation fait ensuite état d'un second interrogatoire de Ferrer, dénué de tout intérêt.

Puis il continue de la sorte :

« Dix-neuf témoins de Premia affirment que, le 28, ils virent arriver par la grande route deux individus venant de points différents ; qu'ils savaient que l'un d'eux s'appelait Llarch, et, que, plus tard, ils apprirent que l'autre s'appelait Ferrer ; qu'ils furent rejoints par un employé d'octroi nommé Calvo et par un autre individu du nom d'Arnau ; que ces quatre personnes se rendirent au local de la Fraternité Républicaine et que c'est peu de temps après que des bandes commencèrent à piller et à incendier.

M. Lorenzo Arnid déclare que, le lundi 26 juillet, il prenait son café quand Ferrer est venu le trouver ; il l'a salué et lui a dit : « J'ai à vous parler en particulier ». Le déclarant répondit : « Quand vous voudrez. » Alors Ferrer lui demanda : « Que pensez-vous des événements du jour ? » Il répondit : « Tout est fini, car c'est une sorte de protestation et cela ne peut pas s'étendre en dehors de cette région ». Ferrer renouvela sa question : « Vous croyez que cela ne s'étendra pas hors d'ici ? » Alors, Arnid répliqua : « Pour le parti républicain, comme il n'a rien à voir dans ces questions, je crois que oui ; maintenant, c'est à ceux qui dirigent ces troubles de voir ce qu'ils ont à faire ». Ferrer, devant cette évidente décision, se tut. Le déclarant lui tourna le dos, et, s'adressant à l'un des employés du Casino, il lui dit : « Demandez donc à ce monsieur de s'en aller par la petite porte de la rue Casanovas » ; celui-ci obéit immédiatement.

« Dans un troisième interrogatoire, l'accusé, après avoir ratifié ses déclarations précédentes, dit que son premier amour est celui de la vérité. Il a bien assisté à l'inauguration d'un centre scolaire à Premia ; mais c'est la première fois qu'il entend les noms de Lorenzo Arnid et de Jaime Calvo ; il ignore où est l'administration de l'octroi et la Fraternité Républicaine ; enfin, il n'a jamais fait venir le maire

pour lui tenir les propos suivants : « Je viens
vous dire que vous devez proclamer la République à Premia », en ajoutant qu'on incen-
diait les églises et les couvents à Barcelone.
Il ne se rappelle pas avoir eu le moindre ennui à
Premia, pendant son séjour dans cette localité ; s'il n'a pas pris le chemin direct de Barcelone, c'est pour ne pas être inquiété et pour
pouvoir circuler librement. Lors de son arrestation, il déclara qu'il ne pouvait indiquer d'où
il venait, parce c'était une affaire délicate ; la
police lui inspire peu de confiance et c'est ce
qui explique qu'on ait retrouvé des proclama-
tions chez lui. Il lit, pour la première fois, le
programme rédigé par lui et il déclare qu'on
n'a rien fait, dans la semaine de Juillet, de ce
qu'indiquent les paragraphes ; en effet, on ne
voulait détruire aucune communauté, ni manifester contre la magistrature et l'on a ac-
clamé l'armée ; *il ajoute qu'il ne saurait approuver les sanglantes émeutes de la « semaine
tragique »*. Il dit, en terminant, que, bien
qu'il se soit retiré de la vie politique, il a conservé de bonnes relations avec M. Lerroux ;
que, parfois, il lui écrit, mais il nie avoir par-
à M. Arnid et être allé, le 26 juillet, à la maison du peuple. »

Après l'exposé des confrontations de l'accu
avec *quatre témoins* — sur *quatre-vingt* environ qui furent entendus, — le rapport présenté au tribunal perd tout intérêt : c'est u
simple énumération des démarches de l'

quête et la citation de documents secondaires.

Un acte cependant mérite d'attirer notre attention : le choix du défenseur.

Ferrer, lorsqu'il fut requis de prendre un avocat et lorsqu'on lui eut soumis la liste des officiers propres à exercer cette fonction, répondit : « Je ne connais aucun de ces messieurs et je crois que n'importe lequel d'entre eux est capable de bien me défendre ; je désirerais cependant en découvrir un qui fut libre de préjugés religieux, et qui fut imbu des sentiments humanitaires que je poursuis par la publication de mes ouvrages ». Et le juge d'instruction de lui répondre que tous les officiers de l'armée savaient accomplir leur devoir, sans faire de *distinguo*, et que celui qui serait désigné remplirait toutes les conditions légales pour l'exercice de son ministère.

C'est alors que l'accusé choisit M. Francisco Galceran Ferrer, parce que celui-ci, capitaine au 4ᵉ mixte du génie, portait le même nom de baptême que lui, et que son deuxième nom de famille était Ferrer.

Il résulte à l'évidence de l'examen de ces différents interrogatoires que les personnes entendues n'apportèrent pas la preuve d'une participation directe et personnelle du directeur de l'*Ecole Moderne* aux émeutes de Barcelone, mais qu'elles donnèrent des renseignements plus ou moins vagues au sujet de ses conversations privées, qu'elles se firent l'écho de l'opinion générale, d'après laquelle il devait être le promoteur du mouvement, l'avait dirigé, — ce qui était, à leur avis, en conformité avec son caractère, ses habitudes, ses principes.

Le procureur ne put s'appuyer malgré tout que sur de pareils documents, pour démontrer la culpabilité de Ferrer et pour demander sa tête.

Et cette tête ne suffisant pas à satisfaire la rapacité féroce des gouvernants, — car il est dit qu'en cette affaire, l'Espagne ira jusqu'aux extrêmes limites de l'abjection — il sollicita, comme il l'avait fait lors du procès Morral, la confiscation des biens de Ferrer — dont le pillage, d'aileurs, était commencé depuis longtemps (1).

(1) Voici la traduction exacte de la conclusion du réquisitoire :

« ... Assurément, chacun de ces faits a eu ses auteurs matériels, mais il est également sûr que jusqu'à ce moment ces auteurs nous sont inconnus, étant donné que les procès innombrables commencés sur ces particuliers n'ont pas été jugés. Il n'y a par conséquent d'autre parti à prendre que de nous en tenir aux termes du second paragraphe de l'article 242 du code de justice militaire, déclarant subsidiairement responsable de tels faits, en matière criminelle et civile, le prévenu Ferrer Guardia, *comme chef principal de la rébellion, la responsabilité civile qui découle de ces faits devant effectivement s'exercer sur tous les biens du prévenu,* quoique, en ce moment du moins, il y ait impossibilité matérielle à établir la valeur exacte à laquelle on pourrait fixer les préjudices causés par les incendies, les pillages et les dégâts sur les voies de communications.

C'est pourquoi, le fait étant qualifié comme délit consommé de rébellion militaire, délit prévu dans les troisième et quatrième conditions énoncées à l'article 237 du code de justice militaire, *et étant démontré que l'inculpé est l'auteur de cette rébellion, avec le caractère de chef* et avec le concours de toutes les circonstances aggravantes à l'article 173.

Après le *fiscal*, l'avocat de la défense prit la parole. Il fit preuve d'un admirable courage. Il préféra risquer ses galons et même sa liberté, plutôt que de ne pas tenter l'impossible pour sauver un innocent.

Il commença par s'opposer à la procédure suivie, tant à l'instruction qu'à l'audience ; les personnes interrogées, lors de l'enquête, avaient été toutes défavorables à l'inculpé ; on avait fait état d'accusations anonymes ; on avait écarté tous les témoins qui auraient pu jeter quelque lumière sur l'existence de Ferrer, sur ses dispositions d'esprit et son idéal d'éducateur de la jeunesse ; la défense avait été mise dans l'impossibilité de répondre aux charges produites, n'ayant plus ni le temps matériel de le faire, ni la faculté d'en appeler à d'autres témoignages ; enfin, on avait refusé d'entendre plusieurs personnes citées en hâte par l'accusé, en apprenant les griefs articulés contre lui, et cela parce que le délai prescrit était soi-disant expiré ; en un mot, on avait eu le souci, non

Je conclus au nom du Roi (Que Dieu garde), en demandant contre Francisco Ferrer Guardia, conformément au paragraphe premier de l'article 238 du code de justice militaire, *la sentence de la peine de mort et* ACCESSOIREMENT, EN CAS DE GRACE, *l'incapacité juridique absolue à perpétuité* devant aussi lui être tenu compte, dans ce cas de la moitié du temps de prison préventive qu'il a faite en raison de cette affaire, conformément à la loi du 17 février 1901. JE DEMANDE ÉGALEMENT QU'IL SOIT CONDAMNÉ A PAYER LES DÉGATS ET PRÉJUDICES CAUSÉS SUR LES VOIES FERRÉES ET TÉLÉGRAPHIQUES PENDANT LA RÉBELLION ; LA TOTALITÉ DE TOUS LES BIENS DE FRANCISCO FERRER GUARDIA RESTANT AFFECTÉE A DÉGAGER CETTE RESPONSABILITÉ CIVILE DANS TOUTE LA MESURE OU L'ON POURRA ESTIMER L'IMPORTANCE DE CES DÉGATS.

de découvrir la vérité, mais d'obtenir à tout prix une condamnation à mort contre un homme.

Puis l'avocat examina et commenta les dépositions lues à l'audience ; il démontra l'inexactitude, le parti-pris, les contradictions de la plupart d'entre elles et repoussa les autres comme manquant de sincérité.

Ainsi, à Masnou d'une part, tout le village, depuis le curé, naturellement, jusqu'au garde-champêtre, avait parlé de fusillades entendues du côté de Premia et d'un émissaire portant des ordres de la maison de Mongat à Premia. Or, d'autre part, le maire de cette commune certifiait qu'aucun homme armé n'avait suivi, à l'époque des troubles, la route de Mongat à Premia, parce que Mongat était le seul village où le travail n'avait pas cessé...

En ce qui concernait les circulaires découvertes dans la maison de Ferrer, le défenseur ajouta que plusieurs étaient reniées par son client, qui accusait la police de les avoir introduites à son domicile, pour le perdre, et que d'autres avaient trait, non aux événements actuels, mais au procès de la Calle Mayor, en 1907 (1).

(1) Qu'on ne proteste pas sans savoir ce que peuvent faire la sottise et la duplicité de la police espagnole qui opère jusque chez nous. Après qu'on eut procédé chez Ferrer à de très nombreuses perquisitions — l'une d'elles dura onze heures — sans y *rien* découvrir — les gardes civiles s'y installèrent à demeure buvant et mangeant ce qu'ils y trouvaient à manger et à boire, couchant dans les lits du martyr de Montjuich et des exilés de Teruel. Le résultat ne se fit pas attendre. Quelques temps après l'installation des gardes civils la *Vanguar-*

Dans sa péroraison, l'éloquent avocat s'éleva
contre les classes conservatrices, contre ces prétendus éléments d'ordre et de paix sociale qui
veulent prendre une revanche par trop cruelle
des événements de la « semaine tragique »,
événements que leur égoïsme, leur intolérance,
leur manque de courage avaient causés.

dia, organe de l'évêque de Barcelone — de sinistre mémoire, — publiait qu'on venait de trouver chez Ferrer
« un programme de chambardement social portant entre
autres articles, la destruction des banques et la formule de la panclastite ». Sur la destruction des banques,
on lira utilement la fin de ce chapitre. En ce qui concerne le panclastite, il est inutile d'ajouter que Ferrer,
pédagogue imbu d'idées générales, sociologue et philosophe, ne connaissait absolument rien en chimie, à
part les quelques notions banales que tout le monde
possède ou posséda. Il est aisé de conclure que les
gardes découvrirent chez le directeur de l'*Escuela Moderna* tout ce qu'on leur demanda de découvrir.

A quoi bon rappeler que les bombes de Barcelone
explosent toujours dans les quartiers pauvres, et que les
habitants de la ville ont depuis longtemps leur opinion
faite sur les talents de la main sale de la police ? Voilà
pour la duplicité.

Voici pour la sottise. Le 23 juin 1909, Ferrer répondait à M. Aristide Pratelle, membre de l'*Alliance scientifique universelle* :

« Cher camarade,

« Nous publierons la traduction de votre article en-
« voyé : le *Triomphe du Dynamisme atomique*, mais
« dans le numéro du 1er octobre, le *Bulletin* ne parais-
« sant pas en août et septembre.

« Merci et bien cordialement,

                                        « F. FERRER. »

Dynamisme, dynamite, c'est tout un pour la police.
Rapprochons cela du procès ridicule intenté en 1897
à un révolutionnaire catalan, pour avoir traduit dans
sa langue *Le Corbeau*, d'Edgar Poë. Dans cette œuvre,
il est question de Pallas, la déesse antique. On con-
fondit la déesse avec le célèbre anarchiste du même
nom et l'on conclut à l'anarchie du traducteur... et à
sa culpabilité !

Il termina en disant que ces classes avaient toujours manifesté une haine implacable contre le directeur de *l'Ecole Moderne* (coupable, à leurs yeux, de vouloir éclairer la jeunesse et émanciper les individus) et que leurs sentiments intimes se traduisaient aujourd'hui par ces poursuites au moins injustes.

La Cour Martiale, après avoir entendu le réquisitoire et la plaidoirie, mit l'affaire en délibéré, pour rendre sa sentence à une date ultérieure.

Une angoissante question se pose maintenant à nous :

Ferrer était-il réellement coupable d'avoir participé aux émeutes de Barcelone ?

Même en nous tenant aux éléments d'appréciation fournis par les pièces officielles seules, nous ne le pensons pas. Pour plusieurs raisons.

Qui oserait prétendre que l'instruction de cette affaire fut conduite avec impartialité et que l'accusé eut toute liberté pour réduire à néant les témoignages qui lui étaient défavorables ?

Nous ne voyons pas, par exemple, qu'il ait jamais été confronté avec ses plus audacieux détracteurs : le barbier Domenech, qui raconte tant de choses invraisemblables, qui a retenu de si piquants détails sur les allées et venues, les conversations, les entrevues de ses clients, n'a pas été mis en présence de Ferrer.

Lorsqu'on parcourt, sans parti-pris, l'acte d'accusation, on est frappé de voir qu'il n'y a

point de dépositions favorables à l'accusé, si l'on
excepte celle (?) de Mme Soledad Villafranca,
son amie, laquelle affirme que, le 26 juillet, il
vint à Barcelone pour régler les conditions de
publication d'un ouvrage et celle de Fernando
Mestres, imprimeur, qui déclare qu'effectivement Ferrer se rendit, ce jour-là, à son atelier
et qu'ils se mirent d'accord à ce sujet.

A qui fera-t-on croire que le prévenu, libre
de se défendre, n'eût pu découvrir que deux
témoins à décharge, assez insignifiants, ne dé-
posant, du reste, que sur un simple point de
détail, alors qu'il sentait le péril qui le menaçait, alors qu'il connaissait, par expérience, les
agissements habituels de la justice espagnole
et qu'il pouvait faire appel à quelques amis fidèles et dévoués ?

La seule thèse vraisemblable est celle qu'à
présentée l'éminent avocat de Ferrer : on a
accumulé les charges contre ce dernier ; on a
entendu les individus qui lui étaient nettement
défavorables, tous ceux qui avaient une rancune à satisfaire contre lui et, quand il a voulu
combattre leurs témoignages, réfuter leurs dépositions, on lui a répondu que les délais légaux étaient expirés...

Un tel procédé se passe de commentaires.

Nous disons, en second lieu, que l'accusé fut
soustrait à ses juges naturels et que c'est devant
la Cour d'Assises qu'il devait être traduit ; puisque, les rebelles pris sur le fait ayant été exé-
cutés et l'émeute étant terminée depuis long-

temps, rien ne motivait plus cette mesure exceptionnelle.

Signalons encore qu'en le faisant comparaître devant un conseil de guerre, on lui enlevait la faculté de faire entendre des témoins à l'audience, comme il aurait pu le faire devant le jury, suivant la loi de 1881. Cette procédure peut être considérée comme légale et régulière par ceux qui s'inclinent très bas, quand on leur lit un article du code et qui n'osent plus discuter. Pour nous, une telle disposition va à l'encontre des règles les plus élémentaires du droit naturel.

Nous estimons enfin que les charges accumulées contre Ferrer n'étaient pas suffisantes pour amener sa condamnation.

Sans doute, c'est affaire entre ses juges et leur conscience et, comme eux, nous pouvons nous tromper.

On remarquera cependant que les meilleures armes furent fournies à l'accusation par les anciens amis de l'inculpé qui, non contents de le renier, voulurent le perdre ; ce n'est point là le côté le moins pénible de cette affaire.

Juan Pich Ventura Llarch, membre d'un cercle républicain, déclara au juge que Ferrer l'avait engagé à seconder ses projets, mais qu'il avait protesté, quand celui-ci lui proposa d'incendier le couvent ; qu'il alla aussitôt prévenir le maire, en lui conseillant de se tenir sur ses gardes. A quels sentiments obéissait l'homme qui parlait ainsi ? Ne cherchait-il pas à éloigner

le danger qui le menaçait personnellement ?
Ne voulait-il pas, en livrant un ami, écarter
l'orage qui grondait au-dessus de sa tête ? A
quels sentiments obéissait à son tour M. Pages,
rédacteur de la *Veu de Catalunya*, quotidien
catalan qui fut un moment l'écho de la conscience catalane et qui paraît n'être plus, depuis
deux ans, qu'une officine électorale, remarqua-
blement administrée d'ailleurs par M. Prat de
la Riba ? L'avenir nous l'apprendra peut-être.

Mais il faut reconnaître qu'il existera toujours, dans le monde, des hommes qui, de-
meurant en dehors de toute secte, de toute communion politique ou religieuse, heureux seulement de servir l'humanité pour elle-même,
seront délaissés par tous les partis, à cause de
l'indépendance de leur esprit et de la hauteur
de leurs conceptions philosophiques et sociales.

Ceux-là resteront presque toujours seuls devant l'adversité...

Il y a tout lieu de croire que Ferrer était innocent et qu'il fut la victime d'une abominable
machination.

Nous trouvons une nouvelle preuve de ce
que nous avançons dans la déclaration formelle
que fit à la presse Mario Antonio, *l'un des trois
membres du comité de la grève de Barcelone :*

« Devant le fait accompli, nous ne nous at-
« tarderons pas à de vaines déclamations, à de
« vaines protestations, à de vaines menaces.

« Quand on se trouve en face d'un forfait
« comme celui par lequel le gouvernement es-

« pagnol vient de soulever l'indignation uni-
« verselle, on n'honore pas le criminel en lui
« adressant des protestations, ni en faisant de
« lui un objet de menaces.

« La seule chose à faire est de le vouer au
« mépris de tous les citoyens du monde civi-
« lisé, tout en attendant le moment de relever,
« comme il convient, le défi qu'il a jeté à la
« conscience humaine et d'effacer le déshon-
« neur qu'il a infligé à la tradition noble et
« chevaleresque de la nation espagnole.

« Je ne parle pas en sectaire, je ne parle pas
« en homme de parti, je ne parle même pas
« comme un ami de Ferrer. Ainsi que je l'ai
« déclaré l'autre jour, au meeting de Tivoli-
« Vauxhall, je ne l'ai même jamais vu. Je l'af-
« firme sur mon honneur et aucun honnête
« homme n'a le droit de douter de mes pa-
« roles.

« J'étais l'un des trois membres du Comité
« de grève de Barcelone, du comité qui a dé-
« claré la grève, qui a pris la direction du mou-
« vement et qui a suivi de près ses diverses
« étapes.

« J'affirme que ni moi, ni aucun des mili-
« tants qui furent en rapport avec nous pen-
« dant les événements de la « semaine tra-
« gique », nous n'avons vu Ferrer participer
« au mouvement. »

Cet aveu mérite d'être retenu ; les vrais révolutionnaires, ceux qui ont été les instigateurs
du mouvement, ont pu mettre la frontière entre

eux et les magistrats appelés à les châtier et
Ferrer a payé leur dette à la royauté espagnole.

A l'examen impartial de ces faits, de ces documents, de ces révélations, le doute est entré
dans notre esprit. Alors que tout était machiné
pour nous faire croire que les magistrats de Barcelone avaient fait bonne justice, notre conviction s'est affermie, et, peu à peu, nous en sommes venus à penser et le monde pense avec
nous : Ferrer n'était point coupable. On a tué
un innocent.

Deux raisons encore nous confirment dans
cette opinion. D'abord, quand, avant de clôre
les... débats, — car il n'y eut pas plus d'interrogatoire de l'accusé que d'auditions de témoins — le président du tribunal demanda enfin à Ferrer « s'il avait quelque chose à dire »
(sic), il interrompit le malheureux dès les premiers mots en s'écriant que « ses manifestations étaient déplacées » (11) Ensuite, comment
Ferrer, qui avait un crédit de 90.000 pesetas à
la Banque d'Espagne, sur lequel il avait dépensé 70.000 pesetas dans sa maison d'édition
n'aurait-il pas retiré les 20.000 pesetas restant
à son avoir avant de fomenter la révolution ?

Mais foin de la raison, de l'équité, de l'opinion ! Il fallait au parti réactionnaire l'or et le
sang de celui qui, préparant l'avenir, ne s'in-
clina jamais devant des siècles de mensonge et
de crime.

Il les eut.

Alors, il oublia toute réserve. Dans son délire sanguinaire brusquement réveillé, il se dévoila dans toute sa hideur et son inconcevable abjection.

LA SUPRÈME INFAMIE

Le 11 octobre, à trois heures du matin, Francisco Ferrer fut transféré de la Carcel-Modelo, où il était détenu depuis son arrestation, à la prison de Montjuich.

Cette mesure fit naître, dans l'esprit de tous les gens de cœur, les plus sinistres pressentiments.

Le jeune roi d'Espagne allait-il écouter le cri de réprobation qui s'élevait de toutes les consciences, ou, dominant ces manifestations généreuses, se montrer impitoyable et livrer au bourreau un homme condamné par un Conseil de guerre jugeant sans témoins, sans discussion et même sans preuves ?

Les heures s'écoulent lentement. Au fond de sa geôle, Ferrer n'a rien perdu de son courage et de sa confiance ; il a parcouru les journaux qui rendaient compte des détails de son procès ; il a deviné le courant de sympathie qui se manifestait à son égard ; il a employé ses loisirs à écrire à ses amis pour leur signaler les haineux efforts tentés afin de le perdre et pour se justifier à leurs yeux.

Pendant ces instants douloureux, Ferrer ne se départit pas de la sérénité que procure seule une conscience pure.

Le 12 octobre vers huit heures et demie du soir, on vient chercher le prisonnier au pavillon séparé qu'il occupe dans l'enceinte de la vieille forteresse. On le conduit au bureau du gouverneur du château ; il y trouve le juge d'instruction Raso Negrini, assisté de son greffier et entouré de soldats en armes. Negrini lui donne lecture de l'arrêt de mort prononcé par la Cour martiale de Barcelone, arrêt que le Conseil supérieur a ratifié et sur lequel le Conseil des ministres *n'a pas cru devoir appeler la clémence royale.*

Ferrer écouta en silence cette lecture (1). Une légère pâleur envahit son front et, depuis cet instant, il conserva l'admirable sérénité, la dignité calme, l'orgueilleuse résignation qui devaient rester siennes jusqu'à la mort.

Maîtrisant un léger tremblement nerveux, il apposa d'une main ferme son paraphe ordinaire au-dessous du procès-verbal relatant qu'il avait reçu communication de la sentence.

Il ne fit aucune réflexion. Redevenu complètement maître de ses nerfs, ce fut sans émo-

(1) Quelle lugubre ironie trouvons-nous dans le rapprochement de cette sentence inique et de la lettre (de laquelle nous donnons un fac-similé) que Ferrer écrivait, quelques années auparavant, à Mlle Henriette Meyer, fondatrice de la Bibliothèque internationale d'éducation pratique !

tion apparente qu'il suivit les gardiens chargés de le ramener dans sa cellule. Il retrouva
celle-ci remplie de gendarmes et de soldats.
Ceux-ci le fouillèrent avec une extrême mi-
nutie, lui enlevant cravate, col, boutons, lacets
et, en général, tout ce qui pouvait aider au
suicide. On poussa la précaution jusqu'à lui
faire revêtir une camisole agrafée d'une façon
spéciale. Comme si un homme de la trempe
de Ferrer pouvait reculer devant le canon des
fusils ! Comme s'il pouvait perdre son sang-
froid au point d'éviter à ses bourreaux l'exécution intégrale de leur forfait !

On ne laissa pas le prisonnier revoir les chers
souvenirs qu'il avait quittés quelques instants
auparavant ; il ne put pas jeter un dernier coup
d'œil sur ses journaux, ses livres, sa correspondance ; il lui fut refusé de reprendre une
fois encore ses photographies d'êtres affection-
nés.

Brutalement, on le conduisit « en chapelle ».

Qui dira l'horreur de l'odieux supplice, re-
nouvelé de l'Inquisition, que cachent ces deux
mots ?

Alors que, chez tous les peuples civilisés,
les derniers moments d'un condamné à mort
sont abrégés le plus possible, qu'en général,
le réveil du patient, la lecture de l'arrêt, la
toilette suprême, l'audition de la messe et les
autres formalités durent environ trente-cinq
minutes, douze heures d'agonie étaient réser-
vées à Ferrer !

Nous devons protester de toutes les forces de notre conscience révoltée contre cette coutume barbare, contre cette aggravation de la peine que rien ne saurait ni justifier, ni expliquer au siècle où nous vivons, — rien sinon une répugnante tradition religieuse. La chapelle a pour but d'accoutumer le condamné à la « pensée de l'éternité qui va s'ouvrir devant lui ». On jugera d'après cela de l'état d'esprit des législateurs qui ont conservé cette atroce pratique !..

Lorsque nous songeons à cela, comme l'envie nous vient de lancer à la face de ces tortionnaires devenus, dans un pays en décadence, les arbitres du droit et les soutiens de l'ordre, ce mot terrible de Sieyès : « Ils veulent être libres, et ils ne savent pas être justes ! »

Une chapelle improvisée avec la science de mise en scène qu'on retrouve partout dans les œuvres religieuses avait été installée dans un local proche de la place d'Armes, au centre de la forteresse de Montjuich. La croix surmontait un autel funèbre ; le saint-sacrement s'y trouvait exposé. Le père Font, jésuite renommé, — le même, ô hypocrisie ! qui avait assisté les anarchistes Savaldor, Palas et plusieurs agitateurs ou condamnés politiques de marque, — avait été convoqué pour encourager, dans ce moment suprême, le directeur de l'Ecole Moderne.

Celui-ci n'accepta pas les bons offices du re-

ligieux. Alors, on dépêcha auprès de Ferrer
l'aumônier du château bien connu pour sa ténacité. Il ne fut pas mieux accueilli quand, à
deux reprises différentes, pendant la nuit tragique, il s'approcha du condamné. On rap-
porte que Ferrer, révolté par cette odieuse opi-
niâtreté, répondit avec impatience *qu'il ne
voulait rien avoir de commun avec les « robes
noires »*.

La loi impitoyable exige que, pendant la
veillée funèbre, le condamné ne demeure jamais seul. Les Frères de la Charité, qui secon-
daient le jésuite et l'aumônier et qui ne quittèrent point le martyr, n'eurent pas plus de
succès que les deux ecclésiastiques. Ils propo-
sèrent d'apporter quelques aliments, des li-
queurs ou des cigares. Mais l'homme qu'on
allait tuer ne se laissa pas aller à l'une quelconque de ces complaisances physiques qui,
pour un instant, endorment la pensée et trompent l'angoisse. Il regardait la mort comme il
avait regardé toute la vie — en face.

Après avoir arpenté, pendant de longues
heures, le sol de sa cellule, entre deux rangs
de religieux en prières, car on ne lui permettait pas de s'asseoir et l'on aurait voulu qu'il
se mît à genoux, Ferrer exprima pourtant un
désir : il demanda l'autorisation de dicter ses
dernières volontés à un notaire.

Aussitôt l'on manda Me Juan Permanyer, le
plus ancien tabellion de la ville. Avec une
grande lucidité d'esprit, avec un calme remar-

quable, Ferrer fit rédiger son testament : il y explique longuement le but qu'il poursuivit pendant toute son existence ; il se déclare prêt à donner sa vie pour le triomphe de sa cause, qui est celle de l'humanité ; de sa fortune, il distrait une certaine somme qu'il lègue à Mme Soledad Villafranca, l'amie des mauvais jours ; il divise ses biens entre son École et ses filles, en demandant cependant à ces dernières d'en laisser la jouissance intégrale à ceux qu'il désigne et qui, après lui, auront la difficile mission de continuer l'œuvre pour laquelle on l'immole.

La dictée de ce testament dura sept heures consécutives.

Pendant tout ce temps, ne voulant point s'agenouiller, il ne cessa de marcher fébrilement entre les rangs des prieurs.

Dans la campagne, de sinistres préparatifs laissaient supposer qu'un événement important se préparait : des patrouilles parcouraient les chemins avoisinant la forteresse et les officiers faisaient — pourquoi ? — fouiller tous les buissons.

A cinq heures du matin, deux compagnies d'infanterie et deux escadrons prirent place à proximité des murs d'enceinte ; un peu plus tard, d'autres groupes vinrent encore compléter le service d'ordre.

Les habitants du quartier aperçurent, vers sept heures, deux frères de la Charité, qui, por-

tant un cercueil, s'acheminaient vers la cita-
delle. Ils s'émurent à cette vue. Qui allait-on
massacrer encore dans ces fossés sinistres dont
le sol est gorgé de sang ?

Des curieux se massèrent sur les hauteurs
voisines d'où ils dominaient les murailles de
Montjuich ; ils pouvaient suivre du regard les
cavaliers qui prenaient position dans le fossé
de Sainte-Eulalie, où le condamné devait être
fusillé.

Le paysage gardait la mélancolie des premiers jours d'automne. Un silence impressionnant planait sur le château maudit ; une angoisse pétrissait le cœur des spectateurs.

Vers huit heures, le général Escrin, qui devait commander le peloton d'exécution, arriva
sur les lieux. Tout était prêt pour le supplice.

Après le départ de Mᵉ Juan Permanyer et jusqu'à l'arrivée de son défenseur, Ferrer resta
seul en chapelle au milieu des moines. Malgré
sa faiblesse physique, résultat de deux mois de
captivité barbare, il ne dormit pas une seconde, n'accepta pas la moindre nourriture et
répondit aux religieux qui, furieux de l'insuccès de leur manœuvre, faisaient auprès de lui
une nouvelle et pressante démarche :

— Messieurs, laissez-moi en paix. J'ai mes
idées dont je suis aussi convaincu que vous
pouvez l'être des vôtres. Si vous voulez discuter,

nous causerons ; sinon, vous pouvez vous retirer.

Ce fut seulement à 8 heures 45 — quand il fût indubitable que le héros ne capitulerait jamais, (le jour était levé depuis longtemps), que l'on avertit le prisonnier de son imminent supplice.

Aussitôt, Ferrer déclara qu'il était prêt.

(La mise « en chapelle » durait depuis la veille au soir, à 8 heures !...)

Néanmoins, on ne l'entraîna pas immédiatement vers le lieu du supplice, les autorités du château procédant avec une sage lenteur à l'opération du tirage au sort des religieux — toujours ! — et des soldats qui devaient prendre part à l'exécution. Ces formalités, très minutieuses, durèrent un quart d'heure, pendant lequel Francisco Ferrer y Guardia attendit le bon plaisir de ses bourreaux.

Enfin, tout fut réglé. L'escorte se mit en marche, encadrant le martyr d'un double haie de soldats.

A côté du condamné marchait l'aumônier de la prison avec la ténacité de la hyène suivant une proie. Bas à l'oreille, il murmurait sans doute des paroles de... consolation. Et il alla ainsi jusqu'au bout du trajet, malgré les protestations suprêmes de Ferrer. Il ne consentit pas à se retirer, affirmant que son devoir était d'assister les condamnés jusqu'à la fin. Moins tenaces ou moins indécents, les Frères de la Paix et de la Charité abandonnèrent le malheureux devant le mur.

Le parcours fut long et pénible. Pour arriver au lieu du supplice, il fallait traverser des cours et des dépendances de la forteresse et aboutir enfin à une poterne s'ouvrant sur le fossé Sainte-Eulalie. On n'épargnait rien, on le voit, pour que le crime fût sans équivalent connu.

Jusqu'à son dernier souffle, Ferrer ne cessa pas de répéter qu'il était innocent, qu'il mourait pour ses idées seules et que rien n'arrêterait leur triomphe. Connaissant les procédés usités par ses tortionnaires, il ne fit pas de déclaration de nature à compromettre aucun de ses amis.

Au pied de la poterne, le gouverneur du château, entouré de ses officiers d'ordonnance et des fonctionnaires administratifs, attendait le prisonnier, comme s'il s'agissait de quelqu'hôte de marque. Tous ceux qui, à un titre quelconque, avaient été mêlés au procès, étaient présents par devoir ou par curiosité.

L'escorte s'arrêta. Le gouverneur interpella le condamné :

— Avez-vous quelque dernière prière à nous adresser ou quelque recommandation à me faire ?

Alors Ferrer manifesta le désir magnifique d'être fusillé face au peloton d'exécution et sans avoir les yeux bandés.

Les officiers se réunirent pour délibérer. Et le héros attendit encore... Ils accordèrent au

condamné de recevoir la mort debout, mais
l'obligèrent à mettre un mouchoir devant ses
yeux, sous le prétexte immonde « qu'il n'est
pas donné aux traîtres d'être tués en voyant
l'ennemi »

Après avoir embrassé Ferrer à deux reprises
différentes, le capitaine Galceran, son défenseur, ne pouvant retenir ses larmes, se retira,
afin de ne pas être une cause d'émotion pour
l'homme qui marchait si noblement au trépas.

On entraîna le condamné vers l'extrémité
du fossé. A quinze mètres du mur, quatre soldats alignés sur deux rangs, formaient le peloton d'exécution ; leurs armes étaient chargées.

Ferrer, les mains liées derrière le dos, les
yeux bandés, demeura seul devant le mur. Il
leva fièrement la tête, comme s'il voulait aper-
cevoir sous le mouchoir les fusils braqués. Le
pied droit légèrement en avant, il défiait la
mort.

Dans le silence pathétique, sa voix s'éleva
naturelle, vibrante et forte :

— Hijos mios, vosotros, no teneis la culpa.
Apúntad bien. Soy inocente. Viva la Escuela... ! (1).

Il allait acclamer l'Ecole Moderne, l'œuvre

(1). Traduction : Mes enfants, vous n'y pouvez rien.
Visez bien. Je suis innocent. Vive l'Ecole.
Quelques feuilles de Barcelone donnent un texte un
peu différent des dernières paroles de Ferrer. C'est ainsi
que la *Campana de Gracia* imprime qu'après avoir donné
l'ordre de « préparen » aux quatre soldats, il s'écria :
— Sigo siendo inocente ! Viva la Escuela Moderna !

de toute sa vie. L'officier avait vivement abaissé
son épée. La décharge crépita. Ferrer gisait sur
le sol. De son crâne percé de trois trous, des
ruisseaux rouges coulaient lentement, se mê-
lant et se coagulant en maré dans ses cheveux
et dans l'herbe grasse.

De tout ce qui avait été de la vie, de l'action,
de la bienfaisance et de la pensée, il ne restait
que cette pauvre dépouille aux mains liées, aux
yeux invisibles sous un linge sanglant.

L'officier et le médecin constatèrent le décès.
Les troupes présentes défilèrent devant le cadavre.

On pourrait croire que l'horreur de la vengeance n'alla pas plus loin et que le crime se
termina avec l'existence de Ferrer. Ce serait
méconnaître l'infamie de ceux qui, quelque
temps auparavant, traînaient de force vers le
mur le malheureux Clémente qui, les soldats
refusant de tirer sur lui, fut abattu d'un coup
de revolver par l'officier qui commandait le
peloton.

Voici ce qu'écrivait un témoin immédiatement après l'exécution :

« Il était neuf heures, ce matin, quand il
me fut donné d'assister à l'ensevelissement de
Ferrer. Les lois militaires prescrivent formelle-
ment en Espagne qu'il soit procédé toujours
à cette cérémonie d'une façon absolument secrète. Cependant, je me suis trouvé au cimetière aux côtés du neveu de Ferrer, de sa mère
et de quelques autres des siens. C'est *par une*

*faveur toute particulière que les parents du fu-
sillé ont pu assister à la mise en bière et à la
translation du corps.*

« Ferrer était resté visible dans son cercueil
ouvert selon la coutume espagnole jusqu'au
dernier moment. Ce modeste cercueil en sapin
noir avait été apporté dans la nuit au dépôt des
cadavres, à l'entrée du cimetière du Sud-Ouest
dont les tombes s'inclinent sur les flancs mêmes de la montagne que domine le château
de Montjuich.

« Il y avait là un officier faisant fonction de
juge, son secrétaire et quelques agents de police.

« Ferrer était étendu là, dans ce même costume gris qu'ont reproduit toutes ses dernières
photographies ; il portait la chemise de nuit et
les chaussures jaunes qu'il revêtit à la hâte
quand on l'emmena à Montjuich. Sa tête était
enveloppée de bandages ensanglantés, mais ce
turban sinistre et suintant ne cachait pas les
os fracassés et la cervelle jaillissante. Une bles-
sure à la gorge avait un peu saigné et cette petite plaie béante avait été bouchée avec une poignée de chaux. La pommette droite était comme
effondrée et le trou béant s'élargissait vers la
tempe. Enfin, au milieu du front, un petit
orifice, à bords circulaires très nets, révélait le
passage d'une balle qui s'était enfuie par le
sommet du crâne. La face était exsangue ; mais
les mains déjà déformées par un gonflement
noirâtre ajoutaient, par leur aspect, à l'horreur
sinistre de ce spectacle.

« Quant les hommes de peine enlevèrent le cercueil pour le transporter vers la fosse, je m'aperçus qu'il reposait sur une vaste mare de sang, et pendant tout le trajet, l'affreux colis laissa sur le sol la trace de son passage. »

Ce n'est pas tout encore. L'histoire n'oubliera pas les derniers gestes des bourreaux :

« LE JUGE D'INSTRUCTION NE VOULUT PAS AUTORISER L'INHUMATION DE FERRER DANS UNE CONCESSION PARTICULIÈRE. IL FUT PLACÉ DANS UNE FOSSE COMMUNE. Seulement, on autorisa la famille à fixer en terre une plaque indicatrice.

« La mère de Ferrer se trouva mal au cours de cette pénible cérémonie.

« On raconte que cette pauvre vieille s'était présentée la veille à dix heures du matin au greffe du château de Montjuich pour demander à voir son fils. Elle ignorait qu'il était déjà fusillé. On lui refusa l'autorisation sans lui donner d'explications. »

Nous ne nous apitoierons pas sur le sort de Ferrer. Il est mort pour une cause noble et généreuse. L'idéal qu'il avait au cœur ne disparaît pas avec lui. D'autres ont repris, à l'instar des coureurs antiques, le flambeau de la pensée échappé de ses mains défaillantes.

Les martyrs comme lui appartiennent à une race immortelle. Ils revivent dans la mémoire de tous ceux qui, sans les connaître, partagèrent leurs secrètes espérances de régénération sociale.

Heureux et sublime Ferrer ! Cette condam-

nation injuste, les outrages de ses implacables
ennemis le grandissent aux regards de la postérité !... Quant c'est pour la vérité que l'on
combat, que l'on souffre et que l'on meurt,
l'infâme pilori se change en piédestal de gloire. Les flots de boue impudemment lancés deviennent des gerbes de fleurs. La mare de sang
qui s'étale sur le cadavre des martyrs se métamorphose en auréole d'or.

Il faut venger la mort de Ferrer par des
moyens licites. Il faut surtout bénir son existence. Une heure viendra, sans doute, où les
philosophes, cherchant un modèle dans l'histoire, choisiront le martyr d'hier. Mais quand
se lèvera-t-il le jour qui verra le peuple espagnol décerner au fondateur de l'Ecole Moderne,
qui le voulait plus instruit et plus libre, les
honneurs de l'apothéose ? Car, Ferrer, admirable citoyen de la république universelle de
la pensée, les a mérités pour jamais.

BLUFF DE TYRANS

Après le meurtre de Ferrer, le gouvernement de M. Maura ne pouvait que se réfugier dans un cynisme comminatoire qui courait la chance d'être favorablement interprété de l'autre côté des Pyrénées, par la majorité parlementaire. Au point de vue international et surtout au point de vue français, une attitude semblable présentait quelque danger. Dans son autoritarisme insensé, M. Maura et ses collaborateurs ne s'en rendirent pas compte. En particulier, une insigne maladresse fut commise par ce gouvernement le 15 octobre.

Comment douter, après les déclarations faites ce jour-là, pour répondre à la protestation universelle, — par le ministre des affaires étrangères d'Espagne, — déclarations embarrassées mais injurieuses, que nous rapportons ici d'après l'agence Havas :

« ...Ceux qui, avant la découverte de la retraite de Ferrer, élevaient la voix contre son arrestation et tâchaient de dépister les recherches au moyen de fausses nouvelles et de prétendus interviews, ceux qui bientôt, sans attendre le cours du procès et l'examen des preuves qui pourraient être apportées, déclaraient que Ferrer était innocent, il était à prévoir que plus tard, si une sentence était prononcée et exécutée, ceux-là s'efforceraient de représenter cette sentence comme un attentat aux règles de la justice.

« Dans le monde et parmi les organes de la presse étrangère qui s'occupent de ces questions d'ordre intérieur en Espagne, (!) il existe deux sortes d'opinions qu'il importe de distinguer : dans la première se trouvent ceux qui approuvent (*sic*) les événements de Barcelone de juillet dernier et la tentative de révolution sociale qui a causé tant de dommages dans cette ville et dont la répression coûta la vie ou occasionna des blessures à 109 agents de la force publique espagnole. Cette opinion-là, les gouvernements ne pourraient en tenir compte, car les lois, au sens moral et juridique, qui sont les bases de l'Etat, la réprouvent.

« L'autre sorte d'opinion est celle qui, d'avance, se montrait persuadée que Ferrer, propagandiste intellectuel, n'avait pas pris part aux sanglants événements dont il s'agit.

« Pour éclaircir ce point, c'est-à-dire la participation de Ferrer à ces événements, la loi indiquait un tribunal et une procédure, (*sic*) tribunal et procédure qui ont conduit à une conviction (que le défenseur de Ferrer ne réussit pas à détruire), d'après laquelle le tribunal a jugé Ferrer, *non point comme parti-*

sau d'idées dissolvantes, ni comme *organisa-teur d'établissements destinés à nourrir la jeunesse d'idées subversives, (!!!)* MAIS BIEN COMME AYANT PRIS PART, COMME DIRECTEUR (!!) A DES FAITS ET A DES ACTES DE RÉBELLION, POUR LES-QUELS IL DEVAIT SUBIR LA PEINE CAPITALE (*sic*).

« Devant cette sentence, à laquelle se sont conformés tous ceux qui, de par leurs attributions, sont intervenus dans l'affaire, l'opinion publique espagnole, mieux au courant naturellement que l'opinion étrangère, (*sic*) des détails et antécédents des événements et des personnes, s'est aussitôt inclinée. Il en sera de même certainement hors d'Espagne parmi tous les éléments sociaux non contaminés par l'esprit de révolte et de destruction à tout prix.

« De toutes façons, la manière dont l'opinion hostile à la sentence du tribunal compétent et au procédé du gouvernement espagnol vient de se manifester, serait hautement blâmable s'il s'agissait de questions intérieures du pays où la manifestation s'est produite ; elle l'est encore davantage si on considère que la question lui est étrangère et qu'elle a été réglée par les pouvoirs compétents et conformément aux formalités établies.

« Nous espérons que les moyens légaux employés par le cabinet de Paris pour réprimer de pareilles violences empêcheront leur retour ; que l'effort de ces derniers mois, dans la prese, dans les meetings et dans les cercles anarchis-es (?!) s'épuisant peu à peu, la tranquillité reviendra dans les esprits ; qu'on reconnaîtra la droiture avec laquelle nous avons agi, et qu'on conviendra que nous ne pouvions agir différemment. »

On remarquera que, sans la prudence et la courtoisie du ministre français des affaires étrangères (1), cette note aurait pu, sous sa forme indirectement mais nettement blessante pour le gouvernement et l'opinion de notre pays, avoir des conséquences sérieuses. Il est notoire en effet que bien que des manifestations et des meetings aient eu lieu dans plusieurs villes d'Italie, de Belgique, d'Angleterre, de Portugal, etc... c'est uniquement aux incidents de Paris que faisait allusion le ministre espagnol. Malveillance évidente d'autant plus que la déclaration en jeu ne contenait pas un seul mot de remerciement pour les autorités françaises qui avaient accompli, contre des Français, avec peine, peut-être, mais avec énergie, leur devoir diplomatique (2).

(1) Au moment où les épreuves de cet ouvrage nous arrivent, une gazette corrobore notre opinion sur la sagesse de M. Stéphen Pichon, par l'écho que voici :
« On nous confirme que, de la façon la plus courtoise, le gouvernement français fit prévenir le gouvernement espagnol, à la veille de l'exécution de Ferrer, que l'opinion européenne et française était opposée à une solution violente, et que des troubles étaient à craindre. C'est à cette communication que répondit, fort peu aimablement d'ailleurs une interview de M. Allende Salazra, où le ministre traitait les manifestants français de braillards. Les rapports franco-espagnols s'en étaient considérablement refroidis. Et on ne peut que se réjouir, à ce point de vue, du changement de personnel espagnol. » (25 octobre 1909.)
(2) Cette... maladresse ne fut pas unique. Que dire de

En ce qui concerne spécialement Ferrer, le
gouvernement de Madrid affirmait qu'il fut
condamné comme *directeur* de la rébellion :
c'est dire qu'il aurait donc dirigé en personne
des actes de pillage ou d'insurrection. Or, aucune preuve n'a été fournie à l'appui de cette
accusation. Il nous semble pourtant que le rôle
de chef d'émeute ne va jamais sans une considérable publicité ! Nous allons y revenir.

« La loi, disait encore le ministère Maura,
prescrivait de suivre la procédure qui fut suivie. » Cependant cette procédure ne fut appli-
cable que grâce à la suppression des garanties
constitutionnelles — injustifiée, puisque l'ordre, à l'époque du jugement, était depuis longtemps rétabli à Barcelone.

Les étrangers qui ne s'inclinent pas devant
la condamnation de Ferrer, poursuivait M.
Allende Salazar, sont des « éléments sociaux
contaminés par l'esprit de révolte et de des-

la demande de poursuites, pour injures à un souverain
étranger, déposée par le consulat d'Espagne au Havre,
contre M. Hanriot, directeur du journal local *Le Progrès*.
M. Hanriot avait signé l'adresse suivante :

« *Hippolyte Hanriot et la rédaction du journal le Progrès, adressent à M. le consul d'Espagne au Havre
l'expression du mépris qu'ils éprouvent pour le monar-
que sanglant qui sévit sur ce noble pays et celle de la
vive répulsion qui les anime contre les cléricaux et les
jésuites qui l'exploitent. Ils souhaitent au peuple d'Espagne la Liberté, et adressent à la mémoire de Ferrer,
victime des prêtres, leur hommage ému.* »

Quarante-huit heures après l'envoi d'une commission
rogatoire du Parquet du Havre auprès de M. Hanriot, le
consulat, plaignant solitaire malgré cent mille délits
identiques commis dans tous les pays à la fois, retirait,
sur l'ordre de l'ambassadeur del Muni, sa demande de
poursuites.

truction à tout prix. » Ce sont là des injures
aussi grotesques que gratuites, puisqu'elles s'a-
dressent à des hommes tels qu'Anatole France,
C.-A. Laisant, Alfred Naquet, Nathan, syndic
de Rome, aux universitaires qui avaient télégraphié au roi, au Comité de la *Ligue des
Droits de l'homme*, aux rédacteurs du *Times*,
du *Journal de Genève*, de la *Tribuna*, de la
Francfurter Zeitung, du *Berliner Tageblatt*,
etc. — et à nous-mêmes.

Enfin, le collaborateur de M. Maura osait,
par une ironie macabre, assurer à l'Europe que
l'opinion espagnole s'était « aussitôt inclinée »
devant le verdict rendu. Vraiment ? Mais
alors, pourquoi le gouvernement madrilène
exerçait-il une censure sur les nouvelles qui
s'étendit même, dit-on, aux télégrammes officiels des ambassades étrangères ? Comment se
fait-il que des meetings durent être empêchés
le 16 octobre à Madrid et à Bilbao ? Comment
se peut-il que le rétablissement des garanties
constitutionnelles ne fut pas de suite, sous
le ministère Moret, accompli à Barcelone,
à Gérône et dans toutes la région ? Pourquoi
fallut-il saisir, le 10 octobre, à Madrid, où les
garanties étaient rétablies, l'édition complète
d'*El Socialista* ? Dans quel but Pablo Iglesias
répondit-il, de Madrid, à un Français, le 17 octobre : « Vous me demandez pourquoi nous
restons tranquilles pendant que l'étranger se
soulève ? On ne jouit pas ici de la liberté dont
jouissent les autres peuples. Dès que le fait le

plus insignifiant se produit, le gouvernement
s'empare du télégraphe et de la poste, et quand
il s'agit d'un meeting il ne l'autorise pas.
Quoique les garanties constitutionnelles y
aient été rétablies, il y a encore des détenus à
Madrid, à Victoria, à Calahorra, à Logroño et
dans bien d'autres villes. La garde civile entre
dans les locaux appartenant aux associations
ouvrières, menaçant les ouvriers de les arrêter
s'ils font des collectes. On n'ose plus bouger. »
Pour quels motifs voulut-on poursuivre le sé-
nateur Sol y Ortega ? Quelle imagination féconde écrivait donc, au *Petit Provençal*, immédiatement après l'exécution de Ferrer : « …Il a
été question, vous le savez sans doute, de l'arrestation du défenseur de Ferrer. La nouvelle
n'est pas confirmée. Mais, si le fait n'est pas
encore accompli, il n'y a pas moins eu une
tentative dans ce sens, car il a été fortement
question, à ce sujet, hier et aujourd'hui, dans
le monde militaire, de la démission de plusieurs officiers, dont un colonel. Il faut donc
supposer que l'arrestation n'a pas eu lieu par
peur du scandale qui menaçait d'éclater dans
un milieu que la réaction a intérêt à ménager,
surtout en ce moment. Le calme actuel ne
permet pas de conclure que rien de grave
ne se produira d'ici quelque temps. La population de Barcelone est encore sous le coup
du guet-apens réactionnaire de juillet, des
nombreuses arrestations qui se produisent encore chaque jour, sous prétexte de bombes qui

n'éclatent nulle part ou qui n'éclatent que par
la maladresse des policiers qui les allument ;
elle est réduite — comme toute la Catalogne —
par la levée des réserves pour le Maroc, qui a
permis de frapper surtout et à coup sûr la province républicaine ; mais cette population se
ressaisit peu à peu, et, si elle ne manifeste pas
encore son indignation, elle pourrait bien à
son tour — comme la réaction en juillet — ne
pas laisser échapper la première occasion. »

Par quelle stupéfiante coïncidence Perez Gal-
dos rendait-il publics, quatre jours après, ces
extraits d'une lettre venue de la même ville :

« ...Aujourd'hui, on va en prison ou l'on est
banni — sort plus triste encore — pour n'importe quoi : pour être « lerrouxiste », pour
avoir chez soi un portrait de Sol y Ortega ou
une image de la République. L'autre jour, un
agent de police a arrêté, sur la Rambla, deux
ouvriers qui parlaient de la dernière bombe
déposée. Un soupçon, une dénonciation suffi-
sent pour qu'on vous implique dans les événements de juillet, et l'on peut affirmer que, parmi les détenus, plus de la moitié sont inno-
cents. Les prêtres et les moines de la Défense
sociale dirigent, avec la police, les délations,
les procès et les interrogatoires. On a tellement
peur, que les listes de souscription pour les
détenus et les bannis, qui circulent le samedi,
dans les ateliers et les fabriques, reviennent
non remplies, personne n'osant s'inscrire sur
ces listes, par crainte de représailles. On viole

la correspondance, on perquisitionne brutalement tous les jours, et malheur à celui qui a, dans sa maison, un livre, un journal, une correspondance sentant l'idée républicaine !

« ...Dans les rues, on n'ose parler des événements du jour ; au sein des familles même, on enveloppe ses réflexions de formules hypocrites, car on n'est plus sûr de personne. Les journaux barcelonais ne dévoilent pas ce qui se passe, la censure les en empêchant. Les rues sont pleines de moines de tous ordres, de frères et de curés de toutes robes, qui marchent le front haut, et l'air provocant. A chaque coin de rue se tient un garde civil avec son fusil Mauser ou un agent de police avec son revolver ; les patrouilles de garde sont fréquentes. C'est ainsi seulement qu'on maintient l'ordre qu'on ne pourrait autrement garantir. On relève les noms de ceux qui ne fréquentent pas régulièrement les églises, et on avertit les patrons, sous peine de graves responsabilités, de signaler leurs ouvriers suspects de nourrir des idées avancées, ou du moins de les congédier. »

Il est trop évident que devant de pareilles précautions, l'opinion publique ne pouvait que s'incliner — en Espagne.

Que conclure de tout cela ? L'idée de nous demander des excuses, que le ministère abandonna lorsqu'il s'aperçut qu'en bonne logique il serait obligé d'en demander à toutes les nations civilisées, influera-t-elle sur notre jugement en faveur de la bonne foi madrilène ?

Non. Elle nous prouve mieux que l'assassinat de Ferrer fut un acte froidement raisonné, ordonné et exécuté. La sincérité de M. Maura fut la même lorsqu'il affirma la culpabilité de Ferrer et lorsqu'il protesta de son amitié pour la France. M. Jean Herbette l'a écrit avec la netteté de conception qui caractérise son talent : « Pour tous les gouvernements qui respectent la liberté de penser et les formes de justice, le procès de Barcelone est un outrage ; pour tous les penseurs qui répandent des idées nouvelles, pour cette avant-garde de l'humanité qui peut se tromper, mais sans laquelle on ne découvrirait aucune route, le supplice de Ferrer est un lugubre avertissement ; et pour nous, Français, qui touchons de si près à l'Espagne et que l'Espagne touche de si près en Afrique, c'est une véritable menace qu'on ait mis à mort, à quelques heures de notre frontière, cet autre Etienne Dolet.

« Quelle peut être la sécurité de notre Algérie, dont une province est toute peuplée d'Espagnols ; quel peut être l'avenir de notre politique marocaine, fondée sur la coopération loyale de la France et de l'Espagne — si le gouvernement espagnol entame, *igni et ferro,* cette campagne contre les idées modernes et dont la France républicaine, dirigée par l'homme d'Etat qui a fait la Séparation, doit être logiquement la première victime ?

« Voilà le problème qui se pose, le problème

que personne chez nous ne saurait écarter, ni le gouvernement français en désavouant la presse, ni la presse française en se taisant. Car ce n'est pas nous qui créons un conflit : c'est le gouvernement espagnol qui nous révèle brutalement ses arrière-pensées, en nous jetant le corps de Ferrer.

« Est-ce par le silence qu'il faut répondre à cette provocation ? Nous ne le croyons pas. Garder le silence, c'est rendre un mauvais service à la France et à l'Espagne : à la France, parce qu'elle a intérêt à savoir le plus tôt possible où le ministère Maura veut en venir, afin de rompre, s'il le faut, une solidarité compromettante ; à l'Espagne, parce qu'elle s'engage dans une voie au bout de laquelle est la révolution, et que le silence du gouvernement français l'encouragerait à se précipiter dans l'abîme. »

Nous allons plus loin. Il nous paraît difficile que l'Espagne sorte de sa lamentable situation sans changer la forme de son gouvernement. M. Maura est le plus habile des politiciens. Nous l'avons vu, à douze heures de distance, résister à l'opposition libérale, clamer qu'il prétendait conserver le pouvoir et, sans poser la question de confiance devant le parlement, remettre au roi sa démission. C'est fort habile, mais c'est un peu trop compter sur la solidité de la vieille bascule canoviste. Le parti conservateur et le parti libéral, M. Maura et M. Moret, sont de vieux artistes qui s'obstinent trop à tenir l'affiche du théâtre parlementaire espagnol. On ne combat pas contre le progrès ou bien le progrès combat contre vous. Pour avoir confondu un équilibre temporaire avec l'équilibre durable, pour s'être refusé à faire avancer, dans le sens de l'évolution moderne, le pivot de la bascule libéralo-conservatrice, l'Espagne se trouve n'être presque plus, en fait, une nation européenne. M. Moret, comme M. Maura, représente des réformes illusoires, des négociations vaines, des créations apparentes. Il a mis l'anticléricalisme sur son programme parce que ce programme (il l'a avoué lui-même) différait trop peu de celui de son adversaire. M. Moret est toujours l'auteur de la loi de 1906 — dont M. Maura sait se servir — qui défère aux tribunaux militaires les écrivains accusés d'avoir attaqué l'armée. Ce qui n'empêche pas le chef libéral d'être un faible — et d'avoir dirigé le ministère connu sous le nom d'*el ministerio relampago.*

Au reste, depuis qu'il est au pouvoir, qu'y a-t-il de changé ? Barcelone s'est réjouie lors du changement de cabinet, mais les députés de la gauche catalane ont vainement demandé le 28 octobre, la mise en liberté des détenus politiques (arrêtés pour la plupart dans quelles conditions !) et le retour des relégués en Catalogne ; mais le général Weyler, qui noya dans le sang la grève pacifique de 1902, exerce à Barcelone les fonctions de capitaine général, mais les conseils de guerre fonctionnent tou

jours, condamnant à la réclusion perpétuelle
Antonio Terrades Caballé, Eugénio Casado,
Juan Sabaté, Manuel Ribas ; envoyant au mur,
après combien d'autres ? Esteban Roig y Roig,
jugeant l'ancien conseiller municipal républicain Louis Zurdo Olivarès, — tous pour rébellion — octroyant six mois de cellule à Enrique
Aparicio, trois mois à Antonio Placido, 250
pesetas d'amende à Felipe Novales Mata, accusé
d'avoir déchiré un brassard de la Croix-Rouge ; (1) etc... Mais la Catalogne est toujours en
état de siège ! Et M. Maura, dès le 27 octobre,
loin de désarmer, reprenait avec arrogance la
parole devant les sénateurs et les députés conservateurs.

En définitive, l'Espagne a troqué une réaction conservatrice contre une réaction libérale.

Et puis, devant la Turquie rajeunie, devant
l'Allemagne où le pouvoir personnel reçoit de
terribles avertissements, devant la Russie elle-
même devenue constitutionnelle, en apparence,
devant l'Angleterre, enfin, si modérée, si parlementaire, et où, pourtant, une révolution se prépare qui enlèvera aux lords leurs privilèges et
morcellera les scandaleuses fortunes accumulées grâce au droit d'aînesse, devant toute l'Europe attentive et cabrée, on plaide les circons-

(1) « MADRID, 4 novembre. — Un conseil de guerre se
réunira samedi pour juger le directeur de la *Corres-
pndencia de España*, auteur, sous le pseudonyme de Juan
d'Aragon, de divers articles, notamment intitulé : « Place
« à la vérité », l'autorité militaire aurait relevé le délit
d'excitation à l'indiscipline. — (*Havas.*) »

tances atténuantes en faveur d'Alphonse XIII !

On dit : la constitution espagnole stipule que le roi ne peut exercer son droit de grâce que si les ministres le lui proposent. Si le conseil des ministres ratifie le verdict de mort du tribunal, on ne demande même pas l'avis du roi sur l'exécution de la sentence. On ajoute : Alphonse XIII exprimait personnellement son intention de faire grâce. Or, le conseil des ministres ne voulait à aucun prix être accusé de lâcheté ou de peur. Le roi n'avait pas le droit de s'opposer à l'exécution décidée par le ministère.

Vraiment, on ne peut pas être plus constitutionnel !

C'est entendu. C'est pour ne pas être accusé de peur ou de lâcheté que M. Maura a fait assassiner l'innocent désigné par les ordres religieux. On pourrait répondre à cela avec M. Henry Maret, peu suspect d'anarchisme, qu'un acte est blâmable ou qu'il ne l'est pas, que « de mauvais qu'il était il ne devient pas bon parce que son auteur a peur de passer pour avoir peur » et qu' « à tant faire que d'avoir peur, mieux vaut la peur qui satisfait la conscience que celle qui en fait bon marché. » On pourrait répondre à cela... A quoi bon ? M. Maura sait ce qu'il fait et il ne fait que ce qu'il veut.

C'est entendu encore. Le roi voulait grâcier Ferrer. Il ne l'a pas fait par respect pour la Constitution. Soit. Alphonse XIII n'était-il pas au courant de l'affaire ? S'il ne l'était pas, il a

commis une des plus graves fautes que puisse
commettre l'homme qui exerce librement la
profession de roi. Mais, en faisant la part (inat-
tendue en pareille occurence) de la jeunesse,
de la passion pour l'automobilisme, le croquet,
l'aviation et tous les sports, Alphonse XIII
n'avait-il pas été renseigné par des centaines
de télégrammes signés par des hommes obs-
curs et glorieux, et même par une fille de Ferrer, implorant la grâce de son « bon papa » ?
Et la reine Ena n'avait-elle pas su lire la dépêche poignante à elle expédiée par l'amie de
l'innocent en danger ?

Enfin, — surtout lorsqu'il apprend par les
ambassades étrangères que la situation de son
pays et, à défaut, sa popularité et son honneur de prince sont menacés, — le roi ne
peut-il pas, sans trop d'embarras, s'arranger
pour que la commutation lui soit demandée ?

Ne sait-on pas à l'Escurial que, selon l'expression de M. J.-L. de Lanessan, « la Révolution est sortie de la soumission de nos rois
aux pontifes de Rome ? » Il est difficile de ne
pas croire qu'on y apprendra, quelque jour,
brutalement, que les crimes contre la liberté
de conscience ne restent jamais impunis.

LES VAUTOURS

Après la mort de Francisco Ferrer, la presse allemande se montra particulièrement sévère à l'égard des juges de Barcelone et du gouvernement espagnol. Qui eût cru, qui eût espéré que les feuilles les plus modérées, les plus conservatrices même, eussent trouvé des termes aussi indignés et des cris de révolte aussi véhéments ?

La *Gazette de Voss* s'en prit au gouvernement anglais, dans son indignation généreuse, dont elle souligna l'indifférence supposée :

« Où étaient les représentants diplomatiques en Espagne ? Le gouvernement espagnol a-t-il été informé et mis en garde ? On doit supposer que non. *Car même la passion des partis et la haine confessionnelle la plus féroce n'auraient pu aveugler les détenteurs du pouvoir à tel point qu'un tableau véridique du dégoût provoqué par eux dans le monde civilisé ne leur ait pas ouvert les yeux. Et l'Angleterre ? Plus que tout autre, la Cour d'Angleterre était à même d'empêcher le crime.* Elle a suivi avec empressement l'initiative française pour pro-

CIDAD

Martes 12 d

RED

DIRECC

AÑANA Número suel

Paris 1900 — Medalla de oro

Al contado ● A plazo

Paseo de Gracia, 34, entre

POR LA CONSTITUCIÓN

LOS FEDERALES

El Consejo Federal ha publicado el siguiente manifiesto:

FRAGMENT DE « LA PUBLICIDÁD » (1ʳᵉ PAGE)
APRÈS LE VISA DE LA CENSURE.

En haut, fragment d'une lettre non signée, écrite sur ce numéro de journal, expédié à Paris dans un paquet de quotidiens gouvernementaux.

—11

tester contre les cruautés de Moulaï-Hafid,
mais la justice espagnole est hors du niveau
européen, comme celle de Russie. L'Extrême-
Ouest et l'Extrême Est se ressemblent sous ce
rapport. »

Le *Berliner Tageblatt* protesta nerveuse-
ment :

« Le crime de Montjuich a provoqué le dégoût et l'indignation du monde civilisé tout
entier. La presse de tous les pays condamne
à l'unanimité ce meurtre judiciaire et, en Angleterre même, pays natal de la reine d'Espagne, la presse conservatrice, elle aussi, ne
dissimule pas son indignation. Tout au plus
voyons-nous, outre quelques journaux cléricaux, une feuille allemande agrarienne et un
organe berlinois soi-disant « sans parti », qui
trouvent le triste courage d'embellir cette
infamie et de déguiser la vérité. »

Dans un autre article, ce journal constatait
encore l'unanimité de la presse allemande à
flétrir les auteurs de cette iniquité :

« Francisco Ferrer, victime d'une honteuse
comédie judiciaire, a été livré aux bourreaux,
fusillé et enfoui, c'est-à-dire qu'il a été assassiné devant les yeux de l'Europe par les agents
du ministère de la nouvelle Inquisition. La
honte qui rejaillit sur leur pays n'a pas em-
pêché ces gens de commettre ce crime devant
le monde civilisé. Dans tous les pays de l'univers où la liberté de la parole existe, on a manifesté l'indignation qu'inspire cet acte de ban-

ditisme. L'Espagne vient de se placer par cette action au dernier rang des nations civilisées, ou plutôt elle s'est placée hors du groupe des nations civilisées.

« Puissent les partis, qui brûlent, en Espagne, de laver cette honte qui pèse sur leur patrie, obtenir un définitif et prompt succès ! »

Le *Recht*, de Saint-Pétersbourg, n'émit point un avis différent. Il ajouta que l'horreur du fait accompli témoignait de l'imprévoyance et de la faiblesse du gouvernement espagnol.

La plupart des journaux italiens blâmèrent les juges de Barcelone et manifestèrent la crainte légitime que, par de sanglantes représailles, la mort de Ferer ne fût vengée dans l'avenir.

La presse anglaise, tant conservatrice que libérale ou socialiste, consacra de longs articles à l'éloge de l'œuvre éducatrice et du haut caractère du fusillé de Montjuich. Elle apprécia sans indulgence l'acte de ceux qui demandèrent sa tête. Le *Times* (conservateur), écrivit dans un *leader* auquel nous avons fait antérieurement allusion :

« Nous sommes portés à croire que le gouvernement espagnol n'a peut-être pas su se rendre compte de toute la profondeur et de l'étendue des sentiments que l'affaire Ferrer a provoqué en Europe ; sentiments que reflètent les dépêches de Paris et de Rome. Si le gouvernement et les tribunaux espagnols avaient su apprécier, en effet, ces sentiments,

ils auraient vraisemblablement fait en sorte
que le procès eût lieu de façon à empêcher tout
soupçon d'erreur judiciaire, soupçon qui devait fatalement être éveillé, si le procès avait
lieu à huis-clos. Le procès a eu lieu, il est vrai,
publiquement, mais la procédure n'a pas été
de nature à convaincre complètement ceux qui
croyaient avoir la certitude de l'innocence de
Ferrer, ou qui doutaient fort, du moins, de sa
culpabilité. »

La *Westminster Gazette*, (radicale, porte-pa-
role attitrée du ministère Asquith), partagea
cette opinion :

« La sentence de mort prononcée contre Ferrer et la mise à exécution hâtive de cette sentence causeront une vive émotion à ceux qui
le connaisaient, depuis longtemps, pour être
un citoyen qui avait à cœur le bien-être du
peuple et qui se vouait à la cause de l'enseignement en Espagne.

« Toute intervention dans une question de
cette nature est, pour un étranger, une tâche
difficile et délicate ; cependant nous sommes
en droit de faire observer que le procès de
Ferrer aurait dû avoir lieu selon la procédure
ordinaire, et non pas suivant celle des conseils
de guerre. »

The Spectator, outre l'article que nous avons
cité au début de ce livre, exposa en lignes sai-
sissantes la physionomie, les causes et les conséquences de l'horrible drame :

« Le nom de Ferrer, imprima-t-il dans son

numéro du 16 octobre, est devenu non seulement en Espagne, mais encore à travers l'Europe entière, comme un cri de guerre de socia-
lisme, de républicanisme et même de libéra-
lisme. Il symbolise les vertus et les erreurs de
cet homme. Il a fait gronder de sourdes colè-
res. Il a réuni des milliers de manifestants et
pourrait servir de cri de ralliement derrière les
barricades.

« Tout ceci est dangereux pour l'Espagne,
inopportun et aurait pu être évité ; car nous ne
pouvons nous empêcher de dire, quelle que
soit la vérité à propos de cette affaire, que le
gouvernement espagnol a aveuglément dédai-
gné les avertissements qui lui étaient donnés
par des personnes intelligentes et sages, tant
dans le pays qu'à l'étranger ; toutes prévoyaient
le mouvement d'opinion et les troubles qui devaient se produire.

« Pour nous, nous n'affirmons pas que Ferrer était ou non coupable. Malheureusement
nous ne connaissons pas les faits, et la Cour
Martiale n'a rien fait pour les porter à la connaissance de chacun : ce procès ne fut pas un
procès (*that the trial of Ferrer was no trial*) ;
s'il fut en quelque sorte public, les témoins ne
furent pas appelés. Cela n'est nullement en
rapport avec les notions que nous avons de la
justice. Dans chaque tribunal, le juge est le
protecteur de l'inculpé ; il ne reçoit pas les dépositions qui ne visent pas les griefs précis de
l'accusation ; si un homme est poursuivi pour

meurtre, le magistrat n'admettra pas qu'un
individu vienne dire qu'il a entendu le prévenu menacer de mort une autre personne,
plusieurs années auparavant ; et cependant,
voilà le genre des charges qui furent accumulées contre Ferrer. Celui-ci a été condamné
alors qu'un doute subsistait sur sa culpabilité.
Rien de pire ne pouvait arriver. Depuis le procès de Marie-Antoinette, il n'y a pas de plus
frappant exemple d'une sentence rendue suivant une opinion préconçue des juges et non
suivant les charges recueillies par l'accusation.
Les renseignements que nous avons sur la vie
de Ferrer nous laissent dans l'incertitude sur
le point de savoir s'il pouvait être réellement
l'instigateur des troubles de Barcelone. *Nous
croyons voir en lui un révolutionnaire du
genre de Tolstoï, un philosophe réformiste qui
voulait bouleverser la société, non par les
bombes, mais par les idées ; nous savons qu'il
détestait les moyens violents et qu'il les évitait.*

« Ferrer déclarait que sa mission était l'éducation de la jeunesse ; après avoir vécu pauvre
pendant les premières années de sa vie, il bé-
néficia d'un legs d'environ cent mille livres
sterling que lui fit une admiratrice de son
enseignement ; avec cet argent, il fonda à
Barcelone l'*Ecole Moderne*, ou rationaliste, qui
eut bientôt de nombreux adeptes. C'étaient les
seules institutions du pays, où ne fut point
donnée l'éducation religieuse ; du reste, elles

furent fermées, dès le début des derniers troubles. Alors que le peuple espagnol était de plus en plus porté à affirmer, avec Gambetta, que le cléricalisme est l'ennemi, Ferrer était noté, par les classes dirigeantes, comme l'un des propagateurs de ce mouvement. Les circonstances de sa mort l'exaltent comme le martyr de la cause anticléricale. Bradlangh n'eut pas le droit de siéger à la Chambre des Communes à cause de ses opinions rationalistes, et cette mesure lui attira de nombreux disciples. L'exécution de Ferrer, après une parodie de procès, amènera de même bien des partisans à ses idées, augmentera la rancune du peuple contre l'Eglise d'Espagne et déchaînera, presque certainement, une guerre religieuse. »

Nous ne nous arrêterons à l'indignation marquée par la presse française que pour faire état de deux pages significatives entre toutes, par la divergence absolue de caractère et d'opinion personnels que leurs signatures évoquent.

« ... L'exécution d'hier, racontait Henri Rochefort, dans la *Patrie*, se complique d'un détournement. J'avais connu Ferrer, à Paris, chez mon ami, le proscrit Ruiz Zorrilla, l'ancien président du conseil des ministres. Nous parlions souvent du petit roi, alors enfant chétif et qu'on ne croyait pas né viable. Et comme je faisais remarquer à Zorrilla que peut-être ce bébé couronné aurait, s'il vivait, des idées moins arriérées que ses ancêtres, Zorrilla me répondit : « — N'en croyez rien. Il est dans les mains de sa mère et il a du sang de ce Ferdinand VII, qui rétablit les bûchers en Espagne.

« Et, en effet, le jeune roi d'Espagne semble avoir reçu de ses ministres d'aussi mauvais conseils que ceux qui furent donnés autrefois à son père et qui avaient probablement la même source. »

Or, dès le 9 septembre, — trente-cinq jours avant l'exécution, — la vaillante Séverine s'écriait déjà, dans un Premier-Paris hélas ! trop prophétique :

« Parce que ce journal est un journal de braves gens, lecteurs et écrivains, les uns comme les autres pensent que la phrase doit être la servante utile de l'idée, s'employer au mieux, ne pas déchoir au rang d'amusette, ne pas se contenter de faire reluire et cliqueter, en marotte de bouffon, ces mots dont Hamlet stigmatise le vide avec un si juste dédain ; parce que, soit que le journaliste, ici, s'applique à traduire l'opinion du public, soit qu'il s'efforce de le renseigner exactement, soit même qu'il essaie, en toute franchise et bonne foi, de redresser l'erreur où qu'il la soupçonne, on est gens de la même famille, celui qui lit et celui qui écrit ; parce que toutes les tendances se peuvent rencontrer et s'exprimer chez nous sans que la courtoisie du terme puisse jamais choquer personne, ni que la loyauté de l'intention puisse être jamais discutée ; parce que enfin, ces mots : *Tribune libre* signifient quelque chose, tout à la fois individualisent et affranchissent — je vais, à cette place, défendre Francisco Ferrer.

« Que certains ne se récrient pas ! Le préambule ci-dessus montre suffisamment à quel point je tiens compte du préjugé, je fais la part de la légende. Si la vérité était connue de tous, en France, si elle n'avait été déformée, dénaturée, pour les besoins de la cause — d'une mauvaise cause — il ne serait aucunement nécessaire, afin de parler d'un homme de bien en péril d'iniquité, de prendre telles mitaines. Mais c'est établi, n'est-ce pas? L' « anarchiste » Ferrer, le « compagnon » Ferrer... pour un peu l'on dirait le « dynamiteur » Ferrer ! Et ainsi se détournent les sympathies ; ainsi est abusé un grand peuple généreux, comme est le nôtre ; ainsi se peuvent assouvir — enfin ! — des rancunes tenaces et d'autant plus âpres qu'on leur a déjà soustrait leur proie.

« Et d'abord, qu'on le sache : l'ordre des partis, là-bas comme en Russie, n'est point le même que chez nous. La France avance, ainsi que d'ordinaire. Presque partout ailleurs, en monarchie, les hommes réputés dangereux et subversifs, capables des plus noirs attentats, équivalent à nos radicaux-socialistes au plus. Le républicain, voilà l'ennemi ; sa nuance importe peu. Il serait curieux que la France républicaine adoptât cette façon de voir, admît cette classification contraire à ses réalités et à ses traditions.

« Donc, Ferrer n'est pas l'épouvantail à moineaux que les crédules se peuvent imaginer. Il est le fondateur, à Barcelone, de l'*Ecole Moderne*. Riche, il lui a consacré sa fortune. Et aussi son effort, sa vie. Une telle œuvre, dégagée du dogme, ne va pas, surtout au pays de Loyola, sans susciter de formidables haines. On le vit. Pas un complot, ces dernières années, pas une révolte, pas un acte de violence, sans qu'à un titre quelconque on ne tentât d'y englober Ferrer. Jusqu'à son renom de bienveillance, de générosité, qui n'y servît !

« En 1906, on pensa bien le tenir... Mais, son innocence était tellement indiscutable qu'on n'osa point passer outre. Puis l'opinion européenne s'émut, manifesta en faveur de cet accusé coupable seulement de vouloir, par des moyens pédagogiques, affranchir l'esprit humain. Libéré, il prit volontairement la route de l'exil, séjourna à Paris, à Bruxelles, en Suisse, se fixa à Londres. L'*Ecole Moderne* continuait de vivre et de prospérer sous le soleil natal — qu'importait à ce convaincu, rien que pour lui, la nostalgie des brouillards londoniens ? Parfois, il se rendait là-bas pour un bref délai : le temps d'embrasser les siens, de présider, à la librairie adjointe à l'école, au lancement d'une belle œuvre, comme l'*Homme et la Terre*, de Reclus.

« C'est ainsi que les émeutes de juillet le sur-

prirent (des lettres envoyées par lui à l'époque
en font foi), veillant à la publication illustrée
de la *Grande Révolution*, de Kropotkine.

« Il ne se mêla point aux événements, rejoi-
gnit la banlieue où il demeurait, s'y renferma.
Suspect, quasi-proscrit, il n'ignorait point
quels yeux le guettaient dans l'ombre, et combien les dégâts soufferts, les effrois subis, devaient avoir décuplé certaines exécrations. Même, il s'écarta du théâtre de l'insurrection, gagna la province...

« On voulait sa peau — et on ne connaissait
pas sa retraite. Pour le contraindre à dénoncer
l'une, c'est-à-dire à livrer l'autre, on arrêta
sa femme, son frère, son beau-frère, de
vieux amis, leurs petits-enfants — une des
incarcérées à sept ans ! — jusqu'aux employés
de la Librairie, jusqu'aux professeurs coupa-
bles de collaboration à l'*Ecole Moderne*. Et on
parvint à le saisir.

« Allait-on l'exécuter sommairement, le fu-
siller aux lanternes dans quelque fossé de
Montjuich ? On pouvait le craindre : la répression là-bas est effroyable, non point limitée
aux seuls belligérants, mais étendue à tous les
non-orthodoxes. Cependant, voici qu'en tous
pays civilisés et cultivés, le monde de l'intelligence proteste. Car la question dépasse même
la personnalité de l'accusé : il s'agit du droit
de penser, de lire, d'écrire, d'enseigner librement, hors des formules. Des comités se forment dans les diverses capitales, dont l'un, ici,

réunit Anatole France, Maurice Maeterlinck, Gabriel Séailles, Pierre Quillard, Amilcare Cipriani, etc... Ce bruit autour de l'arrestation, cette solidarité en égide, rendent malaisé tout dessein ténébreux. Cependant, malgré l'évidence des faits, si Ferrer échappe à la juridiction militaire, il retombe sous la coupe de la justice civile : Charybde frustre Scylla.

« Faute de preuves matérielles, sa mise en jugement sera difficile », déclare le *Temps*. Hélas ! comme si cela comptait les preuves, quand c'est la force qui juge la pensée ! »

A l'heure où la presse européenne était unanime à mettre en évidence la conscience humaine révoltée comme elle avait été unanime à seconder dans leurs efforts les citoyens intelligents et généreux qui tentèrent de sauver Ferrer, on ne trouvait guère l'écho de cette noble indignation dans les feuilles de la péninsule. Car la censure veillait. *El país* osa néanmoins élever la voix, affirmer que les preuves de la culpabilité de Ferrer étaient insuffisantes et déplorer que la loi ne permit pas que, devant ces juridictions d'exception, les témoins fussent appelés à la barre. A la veille de l'exécution, ce journal s'exprimait ainsi :

« Il y a des personnes qui croient de bonne foi que la tête de Ferrer renferme la tête de la révolution, et elles désirent sa mort parce qu'elles croient tenir la tête de l'hydre avec ce cadavre.

« Un préjugé sinistre va causer la mort du

directeur de l'*École Moderne*. La tête pensante et agissante qui organisa la grève se trouve cependant en France, où elle écrit et pense dans les colonnes du journal l'*Humanité* (1). Le vrai coupable raconte dans ce journal les épisodes de la semaine sanglante, mais Ferrer ne fut ni le chef suprême, ni le chef subalterne du mouvement. »

Puis, devant le fait accompli, *El Païs* s'éleva aux régions de la plus haute éloquence :

« ...Ferrer a été fusillé. Par son exécution, la patrie l'a rayé du nombre de ses citoyens. L'Église a signé de son sang son acte mortuaire ; mais ses restes nous appartiennent. Son cadavre appartient à sa mère naturelle, à l'humanité, et non à sa mère légale. Nous réclamons sa possession.

« Ne craignez pas pour son corps, craignez pour son âme. Son corps a été fusillé ; son âme commence à errer à travers le monde, tel un troubadour fatidique chuchotant la poésie de sa vie aux oreilles de la conscience.

« Ame de Ferrer, vole de Barcelone à Madrid, à Paris, à Londres, à Rome, à Berlin ! Vibre en même temps dans les trois cents millions de corps qui se passionnent pour le procès, prêtent l'oreille aux fusillades, voient tomber le corps et s'envoler l'âme libre, impalpable !

« En tuant Ferrer, vous l'avez élevé à l'im-

____

(1) M. Fabre Ribas (Mario Antonio).

mortalité. Il vit dans la conscience de ses enfants, de ses délateurs, de ses accusateurs, de
ses juges, de son défenseur et de ses amis. Il
vit d'une façon mille fois plus intense que par
le passé. Ses ennemis passeront, Barcelone
mourra, Montjuich tombera en ruines, et l'âme
de Ferrer vivra triomphante à travers les siècles ! »

El Libéral redoutait que l'on ne poursuivît
par surcroît, l'avocat du condamné, et il se demandait, pour le cas où le fait aurait été réel :
« Qui se chargera, dans l'avenir, de défendre
des accusés du genre de Ferrer ? Quel défenseur pourra entreprendre une telle tâche avec
une conscience libre, la volonté ferme et l'espoir généreux de sauver son prochain. »

Puis il s'écriait, en manière de conclusion :
« A aucune époque et dans aucune nation,
on ne sentit jamais autant que maintenant, en
Espagne, le besoin d'une union de tous les dé-
mocrates sincères pour combattre un despo-
tisme barbare, irrationnel et maladroit. »

Sous ces paroles calmes et mesurées, sous ces
critiques à peine voilées, ne sentait-on pas
qu'il passait un frisson d'exaspération mal contenue ?

Les autres gazettes de la péninsule enregis-
traient la nouvelle de l'exécution sans commentaires — et les journaux de Barcelone
voyaient leurs compte-rendus, pourtant aussi
impersonnels que possible, sabrés, par le capitaine général, à la dernière heure, ce qui leur

donnait un aspect assez particulier. De certains articles, il ne subsistait que le titre et la signature (1). Et les illustrés humoristiques n'échappaient pas à la censure (2). Un journal, pourtant, osa des commentaires élogieux pour le gouvernement : le quotidien mauriste, *la Epoca*, naturellement. Devant ce cadavre encore chaud, il eut le front de publier les lignes indécentes que voici, entre autres :

« ...L'œuvre de justice s'est accomplie. Ferrer fut poursuivi et jugé d'après les lois en vigueur dans notre pays. On ne lui a ni refusé ni marchandé le droit de défense. La loi a été scrupuleusement appliquée. Nous croyons donc que la vindicte publique est satisfaite car, depuis longtemps déjà, Ferrer était condamné dans la conscience de la majorité des Espagnols y compris ceux qui paraissent aujourd'hui épouvantés de son exécution. »

Et il ajouta que Ferrer était un esprit vulgaire, peu cultivé, qu'il n'était ni un chef (3) ni même un caractère (*sic*), qu'il représentait non des idées mais un mouvement : la révolution pour la révolution, la destruction pour la destruction.

Jusque-là, c'est infâme. On s'acharne sur

(1) *La Publicidad* (12 octobre 1909). *La Campana de Gracia*, etc.
(2) *La Esquella de la Torratxa*.
(3) Nous comprenons encore moins, après une telle affirmation, que Ferrer ait pu être envisagé par le gouvernement comme un ennemi de la monarchie et de la société tellement dangereux que sa mort dût être considérée comme une nécessité sociale et politique !

le cadavre, on cherche à anéantir l'âme après avoir anéanti le corps.

La *Epoca* alla plus avant dans cette voie lorsqu'elle vit, après la chute de son directeur politique, la lumière pleuvoir à torrents sur Ferrer au lieu des ténèbres définitives espérées (1). Un comité de députés républicains espagnols s'étant constitué pour demander la revision du procès de Ferrer et l'opinion s'ancrant dans les âmes que cette revision serait « une œuvre sacrée, pacifique, noble, généreuse et désirable pour la défense du gouvernement et pour l'honneur de l'Espagne » (2) la campagne conservatrice devint insensée. On vit l'avocat de l'ambassade d'Espagne, à Paris, se porter garant, dans ladite *Epoca*, d'inexactitudes évidentes et accuser, une fois de plus, au mépris de toute vraisemblance, Ferrer d'avoir préparé la grève générale de Barcelone et proposé au comité directeur de cette grève de l'organiser. Ce qui valut à cet orateur de la part de M. Mario Antonio (Fabre Ribas), le principal organisa-

(1) Rien n'avait été négligé pour atteindre ce but. On se souvient que la sentence du conseil de guerre ne fut en réalité officiellement publiée qu'après l'exécution ; que, le lendemain du procès, tous les journaux du continent, *sauf ceux d'Angleterre*, publièrent que les témoins avaient été régulièrement cités et confrontés, que l'accusé avait été interrogé — *ce qui était faux* — et que cette erreur formidable s'expliqua lorsqu'on sut qu'une seule agence espagnole s'étant chargée de renseigner toutes les autres, le gouvernement madrilène l'avait achetée ; que l'on refusa à l'avocat de Ferrer une collection des ouvrages de l'*Ecole Moderne* demandée pour qu'il pût se rendre compte de la mauvaise foi des adversaires du rationalisme. (Lettre de Ferrer du 6 octobre 1909.

(2) *El País*.

eur du mouvement, avec l'affirmation que M.
Cristobal Botella usait du pseudonyme Juan de
Becon dans le journal mauriste, un démenti
méprisant et catégorique. Au reste, ces contre-
vérités firent leur tour de presse dans la péninsule (*Correspondancia de España*, etc.) où l'o-
pinion de la masse est aisément influencée.

Juan de Becon n'avait pas d'autre but que
d'agir, par des affirmations gratuites astucieu-
sement mariées à quelques fait exacts, sur
l'âme des foules espagnoles. C'est dans un
but identique que, chez nous, quelques
papiers publièrent l'accusation sans la faire
suivre ni de la défense, ni des documents
connus, qui deviennent plus nombreux et
plus probants de jour en jour en faveur du
Fusillé de Montjuich. On a imprimé des perfidies : on a dit que Ferrer avait deshérité ses
enfants, qu'il était avec eux en mauvaise intelligence, etc. Si cela était vrai, nous ne voyons
pas en quoi ces détails privés modifieraient
l'attitude de Ferrer lors des troubles, anéanti-
raient la portée de son œuvre et justifieraient
l'assassinat dont il fut la victime. Mais tout
cela est faux. M. Malato l'a affirmé le 29 octobre dans un lettre publiée. M. Lorenzo Portet,
exécuteur testamentaire de Ferrer (que l'on
qualifie à l'envie d'anarchiste, mais dont on a
oublié de rappeler la qualité de professeur
d'espagnol à l'École de commerce de Liverpool)
télégraphia d'Angleterre le même jour et dans
le même sens. On se souvient de la dépêche

envoyée par Paz Ferrer au roi d'Espagne en faveur de son père. Voici ce qu'écrivait aux directeurs de journaux Trinidad Ferrer, le 31 octobre 1909

« Monsieur le Directeur,

« Une dépêche particulière parue ce matin dans un journal interprète les sentiments de mon père, Francisco Ferrer, d'une manière si fausse que, malgré mon désir de rester silencieuse, il m'est impossible de ne pas protester.

« Mon père fut un des meilleurs et des plus justes pour tous ses enfants. Nul n'a été l'objet d'une préférence. Jeunes, il nous conduisait dans des promenades où, complaisamment, il essayait de nous expliquer ce que nos yeux d'enfants voyaient. D'une bonhomie souriante que, seuls, les parents peuvent comprendre, ses reproches, quand il croyait devoir nous en faire, étaient plutôt des leçons que des réprimandes. Il a aimé tous ses enfants également et avec le même grand cœur. Il n'a pas voulu laisser une dynastie vivant sur son héritage. Telle est la base de son testament. Mon père a beaucoup travaillé ; il a vécu d'une vie modeste, voulant que, son argent comme son effort, tout allât à l'École Moderne, l'œuvre dont il était si fier. Il en est mort.

« Trinidad FERRER »

Que pouvons-nous ajouter à tout ce que

nous avons dit ? Pas une parole. Quelques documents choisis entre mille autres qui, — malgré les tentatives d'obscurantisme désespérées faites par les meurtriers de Ferrer redoutant la vérité et sentant le sol s'ouvrir sous leurs pas (1), — sont d'heure en heure mieux connus dans les palais comme dans les mansardes.

Voici ce qu'écrivait celui que l'on accusa d'avoir préparé la grève générale :

« Montagne Street, 11 juin 1909.

« Mon cher ami,

« A cause de maladies graves survenues chez nous, il faut que nous rentrions tout de suite en Espagne. Je ne voudrais pas traverser Paris sans vous voir… Nous repartirons dimanche ou lundi au plus tard.

« FERRER. »

Voici ce qu'il envoyait de Mongat, du Mas Germinal, où il s'était placé au chevet de ses malades (ce farouche agitateur !) le 17 juin, si peu de jours avant « la semaine tragique » :

« Mon cher ami,

« Nous voilà installés ici, trouvant notre belle-sœur hors de danger, mais non ainsi

(1) On en trouvera plusieurs d'une très grande valeur dans la brochure de propagande publiée sous le titre : *Francisco Ferrer*, chez Schleicher (0 fr. 60), notamment des lettres de Ferrer adressées à M. M. Laisant, Malato — et surtout à M. Charles Albert.

notre nièce qui continue à être dans un état très
grave. Avant de partir de Paris, je vis X... et
lui ai dit qu'il pouvait vous écrire au sujet d'un
rendez-vous pour lui parler de la Ligue (2). Il
faudra, comme nous l'avons dit, avoir une petite assemblée dans laquelle nous pourrions
décider un plan méthodique d'action. Cela ne
pourra pas être naturellement avant le mois
d'octobre.

« FERRER. »

Le 30 juin, Ferrer expédie le message suivant :

« Mon cher ami,

« Je vous remercie bien des nouvelles que
vous me donnez dans votre lettre reçue aujourd'hui... Vous ne m'avez pas parlé de la
réunion qui a eu lieu, il y a quelque temps,
pour traiter de la création d'une école syndi-
caliste. Peut-être vous n'y avez pas assisté. Il
paraît que la discussion fut intéressante, à
cause de deux courants d'idées qui s'y firent
jour : un défendu par C..., l'autre par G...
D'après ce que l'on m'a dit, il fut convenu que
C... et G... écriraient chacun de leur côté ce
qu'ils avaient dit et que l'*École Rénovée* pu-
blierait ces deux écrits. J'aimerais bien que

(1) Cette Ligue n'est autre que la *Ligue internationale
pour l'éducation rationnelle de l'enfance*, à la tête de
laquelle se trouvaient, à côté de Ferrer, Ernest Hæckel,
Anatole France, etc.

vous demandiez à ces deux bons camarades de vouloir bien remettre avant la fin du mois, afin de pouvoir publier dans le dernier numéro avant les vacances de notre revue. Vous n'ignorez pas que, si j'ai fondée l'*Ecole Rénovée*, c'était surtout en vue d'élaborer un plan d'éducation moderne. Je pense que les articles de C... et G... pourraient ouvrir une discussion et hâter l'élaboration de ce plan. Je me permets de vous rappeler aussi qu'en attendant ce plan d'éducation rationnelle, il serait d'une très grande importance d'avoir un petit ou grand bouquin, livre du maître, dans lequel on dirait à l'instituteur tout ce qu'on peut faire aujourd'hui dans les écoles en faveur de l'enfant, malgré tous les règlements et lois. Que faut-il faire, mon ami, pour obtenir ce bouquin ? A qui s'adresser pour l'avoir ? Ne pourrions-nous pas faire un appel dans l'*Ecole Rénovée ?* A un moment, vous m'aviez presque promis de faire ce livre ; D... m'avait dit aussi qu'il s'entendrait avec T... pour l'écrire. Voulez-vous parler à D... et voir ensemble ce que nous pourrions entreprendre pour la réalisation de ce travail ? On pourrait offrir une somme de trois à cinq cents francs, s'il plaisait.

« FERRER. »

Trois jours après, l'agitation était déjà commencée et elle devenait inquiétante à Barcelone. Ce jour-là, Ferrer traçait ces mots :

« 13 juillet 1909.

« Mon cher ami,

« C'est entendu pour la chambre de votre appartement ; ce sera le bureau provisoire de la revue... Entendu aussi pour le petit manuel de pédagogie. Allons, du courage ! Par ce même courrier, je retourne à la poste la communication envoyée avec la réponse demandée. Je vous prie de dire à L... de vouloir bien corriger l'adresse de la bande ci-jointe.

« FERRER. »

L'étrange entrepreneur de pillages, n'est-il pas vrai ? A quelques kilomètres de chez lui, l'émeute naît, prend corps et gronde alors que lui se préoccupe de son œuvre d'éducation et s'inquiète de détails infimes ! Que dire enfin, après ce qui va suivre ? (1)

« ...C'est à Téruel que Soledad Villafranca, la compagne de Ferrer ; les administrateurs, traducteurs et employés de l'*Ecole Moderne* et de la maison d'édition qui y est rattachée, les familles de certains d'entre eux, le frère de Ferrer, la femme de ce dernier et leur fillette de quatre ans et le frère de Soledad ont été exilés. On les a réunis dans la partie de l'Aragon que l'on appelle communément « la région des terres pauvres », appellation d'ailleurs très jus-

(1) Interview de Soledad Villafranca prise à Téruel, le 29 octobre, par M. Paul Erio, pour le *Journal*.

tifiée. Teruel, qui a été assigné comme lieu de
résidence à Soledad Villafranca et à ses compagnons, est, comme on le sait, la capitale de
l'Aragon. C'est une ville de dix mille habitants,
perchée sur une colline, à 914 mètres d'altitude
et qu'entourent plusieurs chaînes de montagne.

« Arrivé ici dans l'après-midi, il m'a été facile de trouver la maison des exilés : tout le
monde la connaît et toute la population connaît également ceux qui l'habitent.

« L'immeuble où Soledad Villafranca et les
parents et les collaborateurs de Ferrer se sont
réfugiés est bien modeste. Il est situé sur une
toute petite place, à l'une des extrémités de la
ville, et ses fenêtres donnent sur la montagne.
C'est là que j'ai trouvé Soledad Villafranca.
Quand je me suis présenté, elle était seule, avec
sa mère. Les autres exilés, tous, hommes, femmes et jeunes filles, profitant de *la liberté rela-
tive qu'on leur accorde depuis quelques jours*,
étaient sortis.

« On sait que Soledad Villafranca est d'une
très grande beauté. Elle est aussi très bonne et
très simple. Dès qu'elle sut qui j'étais, elle me
conduisit dans une pièce fort exiguë qui lui
sert de bureau, et là, tout de suite, avec des
accents indignés, me parla « de la chose monstrueuse » que l'on avait faite en fusillant Ferrer, et, les yeux encore remplis d'horreur,
longtemps elle m'énuméra les preuves qui eussent dû démontrer l'innocence du fondateur
de l'*École Moderne*.

« — Car je le jure ! me dit-elle, Ferrer était innocent, complètement innocent, et, en le condamnant, on a commis une épouvantable illégalité !

« Et Soledad Villafranca m'indique *l'emploi du temps de Ferrer pendant la durée des troubles* :

« — Le lundi 26 juillet, commence-t-elle, le jour où se produisirent les premières manifestations, Ferrer était à Mongat. Il partit pour Barcelone par le train de 8 h. 1/2 du matin, pour se rendre à sa maison d'édition, où il avait donné rendez-vous, par lettre, à son graveur et à un marchand de papiers, en vue de la publication d'un livre de Kropotkine. Il était bien loin de se douter que des troubles étaient imminents à Barcelone. Cela, je l'affirme, car il ne me cachait rien de ses pensées. En me quittant, il me prévint qu'il espérait rentrer déjeuner. « Je n'en suis pas absolument sûr, « ajouta-t-il, car j'ai beaucoup de choses à ar-« rêter avec le graveur ; dans tous les cas, je « serai certainement de retour à six heures du « soir. » Et il s'en alla.

« Vers onze heures et demie, son frère, M. Pépe Ferrer, qui habitait avec nous au Mas Germinal, où il s'occupait de culture, et qui était allé au marché de Barcelone pour vendre les produits de ses récoltes, revint à Mongat. Il m'annonça qu'il se passait quelque chose d'étrange à Barcelone, que les rues étaient pleines de monde, et que l'on criait notamment : « A bas la guerre ! » Pepe Ferrer, qui n'est point un homme curieux et qui ne s'est jamais, en aucune façon, occupé de politique, ne put m'en dire davantage. Mais cela, déjà, m'inquiétait. A une heure, ne le voyant pas rentrer, mon inquiétude devint réelle, et elle augmenta encore lorsque, vers deux heures, je constatai que les trains ne circulaient plus. Aussi, à six heures, M. Pepe Ferrer, pour me faire plaisir, consentit à retourner à Barcelone, pour voir ce que faisait son frère. J'attendais son retour, lorsqu'à neuf heures, un employé de la maison d'édition, venu à pied de Barcelone, arriva à Mongat pour me prévenir que Ferrer s'était présenté à la gare avec l'intention de prendre le train qui aurait dû l'amener à Mongat à six heures, mais que les trains ne marchant plus, les employés s'étant mis en grève, il était resté à Barcelone. Il m'envoyait son jeune employé afin que je ne fusse pas inquiète.

« Je me couchai. A cinq heures du matin, Ferrer rentra. Brièvement, il me raconta ce qui s'était passé à Barcelone, d'après ce qu'il avait entendu dire, car il s'était occupé uniquement de ses affaires. A six heures du soir, voyant que les trains étaient arrêtés, et qu'il lui eût été impossible de trouver une voiture pour rentrer à Mongat, il était allé dîner. Après dîner, il passa sa soirée au café avec des amis, et au petit jour, il partit à pied pour venir me rejoindre. Voilà donc ce que fit Ferrer le 26 juillet. Le 27, il ne bougea pas du mas Germinal et le 28 non plus. Dans la matinée du jeudi 29 juillet, une femme de Premia, village voisin de Mongat, étant entré dans notre propriété, raconta à nos domestiques qu'elle venait de rencontrer une femme, laquelle lui avait dit que, quelques heures auparavant, elle avait vu Ferrer à la tête d'émeutiers incendiant un couvent. On me prévint. J'accourus et j'interrogeai cette femme, qui me répéta les propos qu'elle avait entendus. J'en avertis immédiatement Ferrer, qui travaillait tranquillement dans son bureau ; mais lui, au lieu de partager mes angoisses, en souriait. Cette histoire le montrant en train d'incendier un couvent paraissait l'amuser beaucoup.

« — Mais il ne faut pas en rire ! lui dis-je. Que ces racontars arrivent jusqu'à Barcelone, et il n'en faut pas plus pour qu'on t'arrête !

« — C'est ridicule ! répondait-il.

« — Ecoute, finis-je par lui conseiller, vois comme ces histoires m'affolent. La situation à Barcelone s'aggrave, et tes ennemis peuvent en profiter pour te perdre. Ecoute-moi, pars pour quelque temps ! Quand le calme sera revenu, tu reviendras !

« Ferrer ne voulait pas se ranger à mes avis. Mais j'insistai tellement et je m'y pris si bien, que je réussis tout de même à le décider à s'absenter durant quelques jours.

« — Si tu ne reçois pas de mes nouvelles, me dit-il en s'en allant, c'est que je serai bien.

Je ne puis pas t'indiquer où je vais me rendre,
car je n'en sais encore rien.

« Et il partit. Je ne devais plus le revoir ! »
murmura Soledad Villafranca.

« De grosses larmes remplirent ses yeux.

« Il y a entre nous quelques secondes de silence pénible, puis je m'excuse de mon mieux
de raviver le chagrin de la jeune femme, et je
propose à Soledad Villafranca de renvoyer au
lendemain la suite de notre conversation. Elle
ne le veut pas. Vite elle sèche ses larmes et elle
me dit :

« — Pardonnez-moi, monsieur ; c'est si terrible ! Mais je veux que vous sachiez toute la
vérité, puisqu'il ne m'a pas encore été permis
de la faire connaître !

« Et comme je lui demande, à ce mo-
ment, pourquoi elle n'a pas déclaré à l'instruction ce qu'elle vient de me raconter, elle s'é-
crie :

« — Pourquoi ? Mais parce qu'on ne l'a pas
voulu !

« — Ecoutez, lorsque l'instruction de l'affaire commença, j'étais déjà exilée, avec les
collaborateurs de Ferrer... son frère et le mien.
Tous, nous supposions que le juge allait nous
faire entendre. N'étions-nous pas, moi surtout,
des témoins nécessaires à l'instruction ? Nous
attendîmes donc, espérant chaque jour. Le 27
septembre, cet ordre ne venant pas, je me
décidai alors à écrire au juge d'instruction,
pour lui demander de recueillir ma déposition,

lui affirmant que je lui démontrerais que Ferrer était innocent.

« Par une lettre datée du 30 septembre, le juge me répondit que l'instruction étant close, il ne pouvait m'entendre. (sic).

« Or, ajoute Mme Soledad Villafranca, c'était faux, complètement faux, puisque ma mère a été convoquée chez le juge plusieurs jours après l'envoi de cette lettre pour fournir des explications relativement à la prétendue découverte faite au mas Germinal d'un programme révolutionnaire. Pourquoi ne pas m'avoir entendue, moi qui aurais certifié que j'étais avec Ferrer, qu'il ne me quitta pas durant les journées où l'on incendia les églises et les couvents ?

« — Dans les lettres qu'il vous a adressées durant sa détention, M. Ferrer se rendait-il compte de la gravité de son cas ?

« — Je vais vous les lire, me répondit Soledad Villafranca ; puis, elle se leva et, après s'être absentée quelques instants, elle revint dans la pièce où je me trouvais avec quelques lettres enveloppées avec soin et, les posant sur la table, elle me dit, avec un geste de tristesse infinie : « C'est tout ce que j'ai reçu de lui. Il y en a quatre. »

« Et Soledad Villafranca, ouvrant la première enveloppe, en sortit huit feuillets recouverts d'une fine et élégante écriture.

« — Voici la première lettre que j'ai reçue, me dit Soledad. Elle est datée du 2 octobre

Ferrer a été arrêté le 31 août, mais gardé pendant 32 jours au cachot et au secret le plus absolu, il lui a été impossible de me faire parvenir plus tôt de ses nouvelles. Il m'écrit :

« Carcel Modelo, 2 octobre.

« ...Comme tu le sais, je suis complètement innocent. Je ne puis donc pas être condamné. S'il en était autrement, mes juges commettraient la plus grande et la plus affreuse des injustices. Mais j'ai confiance en leur loyauté.

« Je me doute avec quel chagrin tu as dû apprendre mon arrestation. Aussi vais-je t'expliquer pour quelles raisons j'ai quitté la maison où je m'étais caché à la suite des troubles de Barcelone.

« Tu te rappelles dans quelles circonstances je suis parti de Mongat, le 29 juillet. Une femme affirmait m'avoir vu à la tête d'émeutiers incendiant une église. Ces racontars te parvinrent ; tu les savais faux, mais tu t'affolas et me conseillas d'aller me mettre momentanément à l'abri dans un endroit sûr. Je t'écoutai et plus tard je te raconterai qui m'a donné asile.

« Le 20 août, lorsque j'appris que l'on t'exilait à Alcaniz avec mon frère, sa femme et tous les employés de mes bureaux, j'eus l'intention de me présenter devant le juge d'instruction de Barcelone qui m'avait convoqué par la voie de la presse. On m'en dissuada et je me ran-

geai aux sages conseils que l'on me donna.
Mais le 29 août, lorsque je lus dans les journaux, avec la stupéfaction que tu peux deviner, que M. Ugarte, fiscal du tribunal suprême, venu à Barcelone procéder à une enquête
pour le compte d'Alphonse XIII sur les troubles de juillet, avait déclaré à plusieurs personnes, en sortant du palais du roi, que le chef
du mouvement révolutionnaire qui s'était produit était Ferrer, alors je ne pus y tenir et je
résolus coûte que coûte d'aller trouver le juge
d'instruction pour détruire les rumeurs dont
j'avais eu connaissance et démentir les affirmations de M. Ugarte

« Le 31 août, je pris donc congé des amis
qui m'avaient caché. Mon intention était d'aller prendre le chemin de fer de l'intérieur, où
j'étais beaucoup moins connu que sur la ligne
du littoral. Je voulais ainsi éviter une arrestation possible en cours de route, car je tenais
à me présenter librement chez le juge d'instruction.

« Malheureusement, des *somaten* d'Alella
me reconnurent. Ils m'arrêtèrent et, au lieu de
me conduire chez le juge d'instruction, comme je le leur demandais, ils m'amenèrent chez
le gouverneur civil de Barcelone. Tu ne peux
t'imaginer la brutalité de ces gens. Ils me mirent les menottes et les serrèrent si fort que je
crus qu'ils m'avaient brisé les poignets et l'un
d'eux, nommé Bernadas Miralta, me menaça
plusieurs fois de son fusil en me disant que

j'étais l'homme le plus ignoble du monde ; et comme je lui demandais sur quoi il se basait pour avoir semblable opinion de moi, il me répondit : « Je l'ai lu dans les journaux. »

« Quand je fus en présence du gouverneur, celui-ci s'inquiéta de savoir où je m'étais caché depuis le 29 juillet. Je lui certifiai que je ne le lui dirais pas, pour ne pas compromettre ceux qui m'avaient donné asile. *Il n'insista pas et me déclara que les livres que j'avais publiés à Barcelone étaient la cause de tous les événements qui se sont produits dans cette ville.* (sic) Ce fut tout.

« *Après cet interrogatoire sommaire, on me conduisit chez le chef de police, où on me mensura ; mais, chose extraordinaire, lorsque je voulus me rhabiller, on ne me rendit pas mes vêtements ; on m'en donna de ridicules, et, avec la casquette qui remplace mon chapeau, j'ai absolument l'allure d'un ramasseur de mégots.* Comme tu le vois au ton de ma lettre, je ne suis pas trop triste. Il ne faut pas t'en étonner, car, pendant que j'écris, je suis caressé par un rayon de soleil qui entre par la fenêtre de ma cellule. *Or, depuis 32 jours, c'est la première fois que je vois le soleil, puisque auparavant je me trouvais dans un cachot.* »

« Ferrer raconte ensuite l'interrogatoire qu'il subit dans la matinée du 1er septembre :

« M. Vicente Llivina y Fernandez, continue-t-il, me semble désireux de savoir la vérité, rien que la vérité, et je n'ai pas remarqué en lui des prédispositions malveillantes. *Après cet interrogatoire, j'ai été reconduit dans un cachot pestilentiel, sans lumière, sans air, humide et très froid.* Je te raconterai ces détails-là plus tard, de vive voix. C'est épouvantable.

« Dans ce cachot, j'ai attendu vainement, les 2, 3, 4 et 5 septembre, qu'on vînt me chercher pour m'interroger. »

« Puis Ferrer parle des interrogatoires qu'il subit avec des juges différents et à des intervalles assez éloignés. *Il conte en plaisantant la visite que lui firent subir des médecins-majors, afin de constater si son corps ne portait pas de traces de blessures ou des brûlures récentes,* et il énumère les charges retenues contre lui.

« Tout cela, ajoute-t-il, ne tient pas debout, comme tu le vois. Rien de sérieux n'existe contre moi. D'ailleurs, il n'était pas possible qu'on trouvât quoi que ce soit. Aussi j'espère être bientôt libre. On nous rendra notre propriété et nous irons au mas Germinal, où nous passerons des heures que les souffrances que nous venons d'endurer nous feront paraître plus douces. »

« Soledad Villafranca pleure en lisant, mais elle ne veut pas s'interrompre. Elle ouvre une seconde enveloppe et me donne connaissance d'une lettre écrite par Ferrer le 5 octobre, et dans laquelle il répète encore qu'on sera

La Internacional

Órgano del Partido Socialista Obrero (Federación Catalana)

BARCELONA, VIERNES, Julio de 1909

CONTRA LA GUERRA

EL II Congreso de la Federación Catalana del Partido Socialista obrero, reunido el domingo último en Barcelona, votó por unanimidad la siguiente moción contra la guerra:

«Considerando que la guerra es una consecuencia inevitable del régimen de explotación que nos esclaviza y nos aguija;

Considerando, además, que, dado el sistema actual de reclutamiento del ejército, todo el peso de las guerras recaen sobre la clase obrera, y que los provocadores del conflicto y los que de un modo directo se benefician del mismo son precisamente los que no intervienen en la lucha armada;

El II Congreso de la Federación Catalana del Partido Socialista obrero protesta enérgicamente contra la guerra con Marruecos y declara que todas las responsabilidades de la misma han de caer sobre el Gobierno del señor Maura, representante, hoy más que en ninguna otra, de los intereses de la burguesía y enemigo acérrimo de los del proletariado.»

Por otra parte, se acordó también recomendar á todas las Agrupaciones afiliadas que la Federación procure, conforme á las instrucciones dadas por el Comité Nacional del Partido, celebrar actos públicos contra la guerra é influir en aquellas localidades en donde no hay aún Agrupación constituída para que la clase obrera se manifieste también contra la política del Gobierno y contra los manejos del capitalismo triunfante.

Ya desde el Congreso de Stuttgart que nuestro Partido no cesa de tomar posiciones contra los horrores del actual conflicto: antes de estallar la guerra dijo lo que debía decir en los mítins y en la prensa, y ahora, desde que sonaron los primeros tiros, ha arreciado su campaña dispuesto á hacer frente al Gobierno por todos los medios que estén á su alcance.

Nuestro camarada Pablo Iglesias se ha hecho eco, en el mitin de Alax Edens, del pensar y del sentir de los socialistas españoles y ha preparado á la opinión española del modo que para el caso convenía. El valor de nuestro amigo ha producido en los eunucos de la gran prensa los efectos que eran de esperar en quienes tienen el alma vendida al oro burgués, y ahora parece que estos señores tratan con sus reticencias de azuzar á los jueces para que se apresuren á empapelar á nuestro compañero.

No sabemos lo que en este caso particular puede ocurrir. Lo que sí sabemos es que los socialistas tienen en la presente ocasión el deber de no retroceder ni un solo paso, y que su actitud, cueste lo que cueste, ha de tender á procurar la inmediata cesación de la guerra.

Ahora bien ¿habemos de poner, inocentemente é indúlmente nuestra libertad ó, quizás, nuestras cabezas, en manos de los esbirros del gobierno?

En modo alguno. El conflicto actual es grave y urge que expongamos todo lo que haya que exponer, sí, pero en movimientos que valgan la pena.

Por este motivo, nosotros creemos sería necesario reunir en Madrid un Congreso obrero extraordinario, convocado por el Partido Socialista, y al que pudieran asistir representantes directos é indirectos de todas las colectividades genuinamente obreras de España, con el objeto de tratar del actual conflicto de Marruecos.

No se nos oculta que esto implicaría algún gasto; mas si se tiene en cuenta los graves perjuicios morales y materiales que la guerra impondrá á nuestra clase, no dudamos que nuestros compañeros, los explotados de toda España, tanto los que habitan en el campo como los que viven en la ciudad, harán un esfuerzo para mandar delegados al Congreso de Madrid con el objeto de estudiar allí los medios de declarar inmediatamente la

Huelga general

y de pedir al Comité Nacional comunique á la Internacional que se adopten las medidas de solidaridad que exige la actitud del proletariado español.

Sometemos la idea al examen de todos los camaradas.

¡Abajo el gobierno!

forcé de le mettre en liberté à bref délai.

« Le 6 octobre, il écrit :

« *Le fiscal ne trouvant pas de preuves contre*
« *moi s'est adressé au fiscal du tribunal suprê-*
« *me en lui demandant sur quelles charges il*
« *s'est basé en affirmant ma culpabilité au roi.*
« *Le fiscal du tribunal suprême répondit qu'il*
« *ne pouvait pas donner de preuves, car il n'en*
« *avait pas, qu'il s'était fait son opinion d'a-*
« *près les bruits courant à Barcelone !* » (1)

(1) Vingt-quatre heures plus tard, le fondateur de l'*Ecole Moderne* envoyait au directeur du journal *El Pais* son suprême cri d'innocence, le dernier appel qu'il devait adresser publiquement à la conscience universelle. Lisez :

« Carcel Celular, Barcelone, 7-10-1909.

« Monsieur le directeur d'*El Pais*,

« Mon cher monsieur, hier seulement, depuis six jours que ma mise au secret a été levée, il m'a été permis de lire les journaux que je réclamais depuis la première heure et, à la lecture des énormités que l'on a imprimées à mon sujet, je me hâte de vous adresser la présente rectification en vous suppliant de me faire le grand honneur de la publier dans votre digne journal.

« Je commencerai en disant qu'il est faux que j'aie pris une part quelconque, soit comme directeur, soit autrement, aux événements de la dernière semaine de juillet (il n'y a dans les actes de mon procès, aucune charge contre moi).

« Le juge instructeur n'a pas cependant perdu son temps pour rechercher des preuves de ma culpabilité. En premier lieu, il fit interroger les trois mille prisonniers qu'il y a eu, — paraît-il — dans toute la Catalogne, en leur demandant s'ils me connaissaient ou s'ils avaient reçu de l'argent ou des ordres de ma part ; aucun ne put répondre affirmativement.

« Bientôt on se livra à une minutieuse investigation dans les localités de Mongat, Masnou et Premia où —

« Enfin, le 8 octobre, Ferrer écrit :

« Malgré que le fiscal continue à me considérer comme le chef de la rébellion, je suis

racontait-on — j'avais tout bouleversé. On demanda aux autorités, ainsi qu'à diverses personnes qui pouvaient se trouver en situation d'aider la justice, quelle part j'avais prise dans ces événements. On parle beaucoup, dans les enquêtes faites, d'une bande armée, de coups de fusil, de dynamite, d'explosion, d'une voiture qui faisait la navette entre Mongat et Premia et de quelques cyclistes qui, sans discontinuer, portaient les ordres de Ferrer aux insurgés. Tout le monde affirme cela, mais personne n'a pu déclarer au juge avoir vu la bande armée, la voiture, les cyclistes ou entendu les coups de fusil et les explosions. *Tous répétaient l'avoir entendu dire.*

« Ne trouvant plus ensuite de preuve contre moi, la justice ordonna de pratiquer une perquisition dans ma maison de Mongat, bien qu'elle en ait fait déjà deux antérieurement. Une le 11 août par une vingtaine de policiers et la *guardia civil* et qui dura douze heures, une autre le 27, seize jours après, par six policiers ; cette dernière dura trois jours et deux nuits et fut prescrite — d'après la confidence de l'un des policiers — par plus de quatre cents télégrammes du ministre et sur laquelle il y aura beaucoup à dire. Mais cette fois-ci, la justice la fit pratiquer par deux officiers et quelques soldats du génie lesquels, durant deux jours, sondèrent les murs de la maison et de ses dépendances, démolissant lorsque cela leur paraissait convenable, prenant des plans de la maison et des prises d'eau explorées ; mais ils ne rencontrèrent pas, comme précédemment d'ailleurs, la preuve cherchée.

« Le juge instructeur ne sachant alors où découvrir cette preuve, eut l'heureuse idée de s'adresser à M. Ugarte, puisque ce dernier était allé à Barcelone faire une enquête par ordre du gouvernement. Le fiscal du tribunal suprême lui répondit qu'il avait entendu dire, comme les habitants de Premia, que j'étais le directeur de tout le mouvement et qu'il ne faisait que se faire l'écho d'une rumeur générale dans Barcelone. Ce fut là la dernière démarche du juge.

« Que pensez-vous de cela, monsieur le directeur ? Est-ce sérieux et digne de l'Espagne ? Que dira-t-on de nous en présence de faits semblables ?

« Je dois ajouter que je proteste avec la plus grande énergie contre la conduite de la police qui, il y a trois bien tranquille, et mon défenseur partage mon opinion. Je ne crains rien, rien, absolument rien !

« Quant à la pression gouvernementale, ne
« nous en inquiétons pas ; elle est infâme,
« horrible, tout ce que tu voudras, mais j'ai
« confiance dans les juges du conseil de guer-
« re. Il n'est pas possible qu'ils condamnent
« un homme complètement innocent de tout
« ce dont on l'accuse. A bientôt. »

« Ainsi se terminait cette lettre.

ans, dans mon procès de Madrid, s'est conduite d'une façon inadmissible en *s'abaissant jusqu'à falsifier des documents* dans l'espoir de me nuire, et en est arrivée aujourd'hui à faire des choses pires qui se connaîtront le jour de l'audience.

« Je proteste également contre la saisie de mes vêtements ; on m'a tout enlevé, des caleçons jusqu'au chapeau, en m'obligeant à me vêtir de misérables habits et à me présenter ainsi devant les juges d'instruction et le personnel de la prison. La dernière fois que je vis le juge instructeur, je lui réclamais en vain, un vêtement de ceux que je possède chez moi, afin de le porter le jour de l'audience. Il me refusa cette faveur en me répondant que mes effets avaient été confisqués. Je ne pus même pas obtenir une paire de mouchoirs de poche.

« Je dois protester contre ma détention — pendant le mois que dura le secret auquel j'étais soumis — dans un cachot de ceux que l'on appelle de « riguroso castigo », lequel réunissait de si mauvaises conditions hygiéniques que si je n'avais pas joui d'une santé à toute épreuve et d'une volonté qui me faisait surmonter toutes ces misères humaines, je ne serais pas arrivé en vie à la fin de ma mise au secret.

« Je termine en priant tous les directeurs de journaux, non seulement les républicains et les libéraux, mais tous ceux qui, au-dessus de toute passion politique, possèdent une juste conscience de la justice, de vouloir bien reproduire cette rectification et ces protestations, afin de pouvoir dissiper quelque peu la méchante atmos-

« — C'est la dernière que j'ai reçue, me dit Soledad Villafranca. Et, avec soin, elle replaça dans un coffret ces lettres, pour elles si précieuses.

« Cependant, les exilés sont revenus de leur promenade. Soledad Villafranca me les présente. Voici d'abord M. Pepe Ferrer, sa femme et leur fillette, la seule joie des exilés ; M. Litran, ancien secrétaire de Ferrer ; M. Lorenzo, un vieillard asthmatique, sa femme et ses deux jeunes filles ; M. Batllori, l'administrateur de la maison d'édition ; M. Messegidas et M. Cassasola, employés de Ferrer, et M. Joseph Villafranca, frère de Soledad.

« Tous se plaignent des sévérités de la police à leur égard. Depuis une semaine seulement, ils sont tranquilles ; mais, *auparavant, plusieurs fois par jour, des agents faisaient irruption dans leur demeure, obligeant les exilés à se réunir dans la même pièce, afin de voir s'ils étaient tous présents. Ils ne pouvaient sortir que par deux, escortés par des gardes civils.*

« Ils espèrent que le nouveau ministère leur rendra bientôt la liberté, et ils attendent, résignés et assez confiants.

« Que feront, à leur retour à Barcelone, ceux qui étaient les collaborateurs de Ferrer ? Ils n'en savent rien et ne s'en inquiètent guère.

phère dont on m'a entouré et faciliter ainsi la tâche de mon défenseur devant le tribunal qui doit bientôt me juger.

« F. FERRER »

« — Qu'on nous rende d'abord la liberté, disent-ils, c'est l'essentiel, et peut-être alors ceux qui ont cru étouffer l'œuvre dé Ferrer en supprimant celui qui l'a créée s'apercevront-ils qu'ils se sont trompés.

« — Pour ma part, ajoute Soledad Villafranca, je ne cesserai en tous cas de répéter qu'en fusillant Ferrer on a commis une infamie. Il était innocent de tout ce qui a été accumulé par l'instruction pour permettre sa condamnation. Je le soutiendrai toujours, car c'est la vérité, et toujours j'affirmerai que Ferrer a été victime de la plus monstrueuse des iniquités. »

Lorsqu'à tout cela, lorsqu'à tout ce que nous avons écrit vient s'agréger le témoignage oral, formel, précis, recueilli par nous, à Paris, de M. A. Fabre Ribas, — directeur de la *Internacional*, organe *del Partido socialista obrero (Federacion catalana)* — revendiquant hautement la responsabilité principale des troubles de « la semaine tragique », lorsqu'à ces déclarations, M. A. Fabre Ribas ajoute (sous le pseudonyme Mario Antonio), dans l'*Humanité* du 15 octobre 1909 :

« Ainsi que je l'ai déclaré l'autre jour au « meeting du Tivoli-Vauxhall, *je n'ai jamais* « *conversé avec Ferrer, je ne l'ai même jamais* « *vu.* Je l'affirme sur mon honneur et aucun « honnête homme n'a le droit de douter de

« mes paroles. J'étais un des trois membres
« du Comité de grève de Barcelone, du
« comité qui a déclaré la grève, qui a pris la
« direction du mouvement et qui a suivi de
« près ses diverses étapes. *J'affirme que ni*
« *moi ni aucun des militants qui furent en*
« *rapport avec nous pendant les événements*
« *de la semaine tragique, nous n'avons vu*
« *Ferrer participer au mouvement.* Comment
« le gouvernement de M. Maura et la bande de
« criminels cléricaux et militaires qui le sou-
« tiennent ont-ils pu voir plus que nous, savoir
« plus que nous, prouver plus que nous? Car,
« pour condamner — et à mort! — il faut bien
« voir, bien savoir, bien prouver. Sinon ce n'est
« plus une condamnation, c'est un assassinat
« lâche et ignoble, qui déshonore à tout jamais
« et ceux qui l'ont accompli, et ceux qui l'ont
« toléré. Nous le répétons, du reste, le cas
« Ferrer n'est pas le seul acte de cruauté et de
« monstrueux arbitraire qu'on doive imputer
« à Alphonse XIII, à M. Maura et à tous ceux
« qui les soutiennent et les secondent. » Et
lorsque le même auteur, avec une indiscutable
énergie, réitère dans le même quotidien en
imprimant, le 31 octobre suivant : « Ferrer
« ne m'a jamais parlé, je n'ai même jamais
« vu Ferrer », que reste-t-il, nous le deman-
dons, nous le répétons, nous le clamons à
pleine gorge, que reste-t-il de l'accusation portée contre le fondateur de la *Escuela Moderna*?

Rien.

Rien que le souvenir durable d'une des plus grandes infamies commises dans les temps modernes par une inquisition jésuitique de style et contemporaine d'allure, substituant aux procédés brutaux des dominicains de jadis l'hypocrisie prudente et sauvage des Escobars d'aujourd'hui.

Et, bien que le martyr de Montjuich, par excès de modestie, ait écrit dans ce testament qu'il dicta, étant en chapelle, quelques heures avant sa mort, avec une lucidité sublime « Je désire qu'en aucune occasion, ni pro-« chaine, ni lointaine, ni pour quelque motif « que ce soit, on ne fasse devant mes restes « de manifestations d'un caractère politique « ou religieux, considérant que le temps qu'on « emploie à s'occuper des morts serait mieux « employé à améliorer la condition où se « trouvent les vivants, ce dont la plupart au-« raient grand besoin », bien qu'il ait ajouté un peu plus loin : « Je désire aussi que mes « amis parlent peu ou point du tout de moi, « parce qu'on crée des idoles quand on exalte « les hommes, ce qui est un grand mal pour « l'avenir humain ; les actes seuls, quels que « soient ceux dont ils émanent, doivent être « étudiés, exaltés ou flétris ; qu'on les loue « pour qu'on les imite quand ils paraissent « concourir au bien commun, qu'on les cri-« tique pour qu'ils ne se répètent pas, si on « les considère comme nuisibles au bien-être « général », malgré cela, malgré lui, malgré

tout, Ferrer restera comme l'une des plus
grandes figures de notre époque, comme l'un
des plus admirables héros de la liberté de
conscience.

Son œuvre progresse déjà hors d'Espagne
et suivant le désir qu'il exprimait, en 1902, à
Mlle Henriette Meyer. Un comité s'est formé
à Rome « dans le but d'instituer dans la Ville-
Éternelle, puis à Milan, Turin, Venise, Bologne, Florence et Naples, des écoles modernes
à l'instar de celles créées par Ferrer en Espagne ». Devant le triomphe prochain de ces
doctrines, les religieux prudents reculent : les
Strasburger Neueste Nachrichten publient une
dépêche de Vienne, d'après laquelle les Pères
Chartreux, négociants avisés, vont quitter
Tarragone pour se fixer aux environs de Budapest.

Pourquoi élevons-nous la voix ? Pourquoi
nous indignons-nous et marquons-nous avec
tant de force notre mépris pour les bourreaux
et notre dégoût pour les chiens qui tentent de
déchirer le cadavre de la Victime afin de dégager l'effroyable responsabilité de leurs maîtres ?

Bien des gens ont été tentés de nous dire :
« Certes, tout cela n'est que cruauté, lâcheté,
« hypocrisie. Pourtant, cela n'est-il pas de la
« couleur locale du pays de *Tra-los-Montes* ?
« Discutez-vous les séguédilles ? Protestez-
« vous contre la barbarie orientale des cor-
« ridas ? Oui, certes, Ferrer est innocent.
« Nous sentons bien que si l'on avait décou-

« vert contre lui un seul document, un seul
« témoignage établissant incontestablement
« une apparence de culpabilité, on se serait
« dépêché de l'établir dans un débat aussi so-
« lennel, aussi public que possible. Mais en-
« fin... *cosas de España !* Et vraiment, cela
« nous regarde-t-il ? »

Eh bien ! oui, cela nous regarde. Des gazettes de chez nous n'ont-elles pas applaudi, le
lendemain de l'exécution, « le bon roi catholique d'Espagne » ? Les mêmes feuilles, redoutant les élections prochaines, n'impri-
ment-elles pas que des politiciens ne sont pas
encore assez « repus du nourrissant cadavre
découvert dans les fossés de Montjuich ? » Ici
comme là-bas, l'inspiration est la même. Comme le disait naguère Camille Pelletan : « Chez
nous, un procès Ferrer paraît impossible. On
n'oserait pas aller aussi loin. Croyez-vous que
ce soit la bonne volonté qui manque ? En Espagne, on fusille l'école laïque. En France, il
faut se contenter de lui déclarer la guerre à
grand bruit. Cela vaut mieux, mais c'est la
même haine qui dirige les deux attaques. »

En outre, il n'est pas mauvais que des Français, indépendants d'âme et ardents de cœur
aient, à côté des agitateurs professionnels,
crié leur émoi. Il est utile que le souvenir de
Ferrer se grave dans les cerveaux plus profondément encore que la mitraille (avec laquelle
M. Maura imposa l'ordre à Barcelone) s'ins-
crusta dans les façades des maisons du Paralello.

Car l'indifférence est une forme latente de l'hostilité.

Il est beau de s'indigner. Mais il est nécessaire de réfléchir ensuite et d'agir.

Car la complicité prend aisément la forme de l'oubli.

CASTILLE CONTRE CATALOGNE

« Par ma lettre du 10-12 août, vous savez
« que je n'avais pas eu connaissance du tout
« du projet de grève générale pour le 26 juil-
« let en signe de protestation contre la guerre
« du Maroc ; je ne sais pas comment on a pu
« faire courir le bruit que j'en étais le promo-
« teur. Qui a commencé à faire courir ce
« bruit ? Etaient-ce les républicains lerrouxis-
« tes, parce que le mouvement avait pris ra-
« cine, d'après ce qu'a raconté l'*Humanité*,
« dans le milieu de la *Solidaridad obrera*, les
« lerrouxistes tenant à me faire passer pour
« leur ennemi, puisque d'après eux je proté-
« geais la *Solidaridad obrera*, qui leur faisait
« la guerre ? Etaient-ce les cléricaux qui
« voyaient une belle occasion de me mettre
« encore une fois sur la sellette ? Je crois que
« des deux côtés on a eu intérêt à me faire du
« tort. » (1).

Cette hypothèse, émise par le fondateur de
l'*Escuela Moderna*, nous aide à préciser son

(1) Fragment d'une lettre adressée de la Carcel Celular
le 1ᵉʳ octobre 1909, par Ferrer à M. Charles Malato.

ôle politique. Elle nous permet, en outre,
l'expliquer autrement que par les rigueurs de
a censure — ce qui n'est que partiellement
véridique — l'attitude des politiciens de car-
ière, compatriotes de Ferrer. Nous ne cache-
ons pas plus longtemps que cette attitude
nous apparaît comme tout à fait scandaleuse.
Quelle opinion émettront donc là-dessus ceux
qui ne connaissent pas comme nous la vérité
ur les mœurs parlementaires espagnoles ?

Essayons de voir clair dans cet invrai-
emblable chaos. Quand on imprime que le
lergé, guide du pouvoir central et maître du
oyaume tout entier, a réussi jusqu'à présent
à maintenir la mentalité de la plus grande
partie de la péninsule au niveau de ce qu'elle
tait sous Charles-Quint, on exagère à peine.
a situation politique du pays suffit à nous
difier quand nous l'examinons d'un peu
près.

Si nous envisageons le territoire ibérien tout
ntier, les deux grandes divisions inventées
par Ganovas nous apparaissent tout de suite.
l y a deux partis : le parti conservateur et le
parti libéral, le parti de M. Maura et le parti
le M. Moret, présidents du conseil alternati-
rement. Cela c'est l'apparence. En réalité, M.
Maura et M. Moret sont du même clan. Ils
eprésentent l'un l'extrême-droite, l'autre le
entre-gauche du même parti monarchiste,
'est-à-dire *caciquiste*. L'extrême-gauche de ce
parti qui tient entre ses mains la Castille

tout entière (et sous la dénomination de Cas-
tile nous comprenons tous les peuples d'Espagne soumis à l'influence prédominante
de l'esprit castillan), étant représentée par le
groupe démocratique mais impuissant (pourquoi ?) de Lopez Dominguez.

Nous avons parlé du *caciquisme*. Ce mot
mérite d'autant plus une explication qu'il explique à lui seul l'épouvantable situation de
l'Espagne contemporaine. C'est à feu Nicolas
Salmeron que nous demanderons de nous dire
ce que représente le caciquisme.

« La monarchie espagnole, a-t-il écrit, n'est
« même pas une autocratie plus ou moins dé-
« guisée. C'est le régime du bon plaisir, du
« hasard aveugle, de l'inconscience. C'est un
« système de gouvernement inconnu dans la
« science politique et qui s'appelle le *caciquis-*
« *me*, du nom que donnaient les indigènes de
« l'Amérique aux chefs des bandes guerrières
« et pillardes. Le *caciquisme*, c'est la clef de
« voûte de l'édifice social et politique de l'Es-
« pagne : le roi, c'est le chef des *caciques*, les
« ministres, ce sont des *caciques* ; les députés,
« même la plupart des députés républicains
« et surtout ceux qui s'appellent radicaux (*sic*)
« sont des *caciques*. Chaque province a un ou
« plusieurs gros *caciques*, et chaque ville,
« chaque village en a un petit. Ces bandes se
« partagent le pays. Cela est peu compliqué et
« n'exige guère de grandes facultés chez les
« gouvernants. Les affaires publiques devien-

« nent les affaires privées des *caciques* de tout
« acabit, du haut en bas de l'échelle. Le peu-
« ple croupit dans l'ignorance, la misère, la
« servitude ; il manque de volonté, de persé-
« vérance, d'esprit de suite ; *il est la proie des*
« *caciques d'en haut et des meneurs démago-*
« *giques d'en bas* ; il est accablé par l'impôt,
« assujetti aux caprices des puissants ; il n'a
« qu'à choisir entre mourir de faim ou se
« laisser décimer par une émigration cons-
« tante, une saignée continue qui affaiblit et
« dépeuple l'Espagne.
« Il y a, depuis la restauration de 1875, deux
« grands groupes de *caciques*, appelés, à l'ins-
« tar des célèbres partis anglais : le *parti con-*
« *servateur* et le *parti libéral*. Ils ont subi de-
« puis lors plusieurs transformations dans
« leur personnel mais non point dans leur
« structure ni leurs procédés. Tous les deux
« ou trois ans, l'un d'eux cède le pouvoir à
« l'autre, et la première chose que font les
« nouveaux ministres, c'est de se distribuer
« les provinces de l'Espagne. Le parti au pou-
« voir prend le plus grand morceau du butin
« sans trop condamner à l'indigence l'autre
« parti qui fera de même quand son tour sera
« venu. Tous les deux ou trois ans, le Parle-
« ment change de majorité, du moment que
« c'est le gouvernement et non pas les élec-
« teurs qui élisent les députés et les séna-
« teurs. »

Cela, c'est l'ancienne Espagne — c'est l'Es-

pagne gouvernementale d'hier et d'aujour-
d'hui. Les conservateurs sont aux ordres du
clergé ; les libéraux négocient avec lui ; — et
conservateurs et libéraux sont également soumis au militarisme de plus en plus puissant qui,
menaçant sans cesse le gouvernement, quel
qu'il soit, par ses organisations remarquables
et ses journaux particuliers sans équivalents
en Europe, tend à faire de l'immense couvent
qu'est la péninsule une gigantesque caserne.

M. Desdevizes du Désert rapporta naguère
quelques anecdotes, incroyables mais authen-
tiques, sur les mœurs politiques espagnoles (1).
Voici divers exemples très significatifs :

« ...Les prédicateurs savent qu'ils sont res-
tés les maîtres du peuple et ont gardé la farouche éloquence du xv⁰ siècle. A la suite de conférences pour les dames seules faites par le
père jésuite Luis Casas, 760 dames de Palma
se sont engagées par écrit à ne plus voir de
pièces d'une moralité douteuse, à ne plus
acheter dans les magasins qui vendraient des
gravures déshonnêtes, à ne plus danser que
des quadrilles, à ne plus médire, à combattre
la médisance, et à ne plus prodiguer dans les
Eglises des saluts inutiles ou profanes. Au Fer-
rol, le père jésuite Iñiguez Moral tonne contre
les libéraux, contre la presse, contre le bal, et
accuse le patinage de corrompre les mœurs.
Il nie l'existence de la question sociale, résolue, à l'entendre, par la charité chrétienne.

(1) *Revue Bleue*, 8 juin 1907.

« Les moindres incidents de la vie ecclésias-
tique excitent dans les petites villes un intérêt extraordinaire ; tout récemment encore la
ville archiépiscopale de Santiago en Galice a
pu se croire revenue aux beaux jours du siècle
d'or. Le canonicat magistral de la métropole
était vacant, et les chanoines magistraux de
Jaen, de Zamora et d'Astorga étaient venus
prendre part au concours. Au moment où
finirent les épreuves, la foule applaudit le magistral de Jaen, D. Leopoldo Eijo, qu'elle considérait comme le vainqueur du tournoi. Une
demi-heure plus tard, le chapitre faisait occuper les cloîtres de la cathédrale par la police,
et, sous la protection des agents, proclamait
élu le magistral de Zamora, D. Candido Garcia
Gonzalez. La foule éclata en récriminations, en
sifflets, en applaudissements à D. Leopoldo,
en injures à D. Candido ; puis elle se forma
en cohorte et, toujours criant et sifflant, par-
courut les rues de la ville et alla manifester
devant le séminaire. Les séminaristes, eux
aussi, étaient léopoldistes et, ne pouvant sortir, garnissaient les fenêtres et répondaient de
toutes leurs forces aux cris de la foule. Le lendemain, il était question d'offrir un banquet
à D. Leopoldo, et comme le chanoine se hâtait
de prendre le train, ses partisans envahirent
la gare et lui firent sur le quai une dernière et
retentissante ovation. Puis les séminaristes se
mirent en grève et la noise ne s'apaisa qu'a-
près l'envoi au ministre d'une supplique en

règle pour lui demander de disposer du premier canonicat à sa nomination en faveur de D. Leopoldo.

Ecoutez encore le même auteur :

« ...Le 25 février dernier, l'évêque de Salamanque a réuni une assemblée de prêtres et de catholiques et leur a fait connaître ses intentions au sujet de la campagne électorale. L'appui du clergé a été promis aux candidats décidés à soutenir les intérêts de l'Eglise. L'évêque de Palencia a ordonné à ses curés de traiter la question électorale en chaire et d'engager les fidèles à voter pour le candidat clérical. Les curés des environs de Bilbao n'ont pas craint de menacer de la damnation éternelle les électeurs qui voteraient pour les candidats libéraux. Les curés du Guipuzcoa se sont mis à la tête de leurs paroissiens et les ont menés aux urnes comme des troupeaux de moutons (1).

« ...Nous ne parlerons que pour mémoire de la corruption électorale. A Séville, on offrait un billet pour les *toros* et une *peseta* à tous ceux qui s'engageaient à voter pour le candidat réactionnaire. A Bilbao, les cléricaux ont dépensé 80.000 douros pour acheter des voix et promettaient 2.000 francs pour chaque urne brisée. C'est là monnaie courante et constante tradition. Ce qui est plus nouveau, c'est l'insolent parti-pris de s'arroger tous les

(1) Tous ces faits et les suivants eurent lieu en 1907. Des faits équivalents se produisent à chaque élection.

droits, c'est le dilettantisme outrageant des hauts fonctionnaires, qui répondent en souriant aux plaintes les plus légitimes, comme si la violence et la tyrannie, les violations de domicile, les arrestations arbitraires, les calomnies et les dénis de justice étaient les choses du monde les plus simples et les plus naturelles.

« Le maire d'Alméria est libéral et la loi défend de le destituer ; il faut qu'il démissionne ; une démission apocryphe est envoyée au ministre qui l'accepte, et gratifie aussitôt Almeria d'un maire conservateur (2) ; puis le préfet va trouver l'ancien maire et le prie de vouloir bien « pour légaliser la situation », signer une démission qui, cette fois, sincère et véritable, couvrira le ministre. Le magistrat libéral refuse de se prêter à cette comédie mais ne peut obtenir qu'on lui rende sa place. Le tour est joué et bien joué.

« A Villanueva de Duero, le maire, élu à l'unanimité par son conseil, refuse de démissionner. Le préfet le mande plusieurs fois à Valladolid, insiste, menace ; peine perdue : l'entêté ne veut pas lâcher son bâton de commandant. Un beau matin, un inspecteur de police arrive à Villanueva, escorté de gendarmes ; il arrête le maire et le ramène, comme un malfaiteur, à la préfecture, où le préfet lui donne à choisir *entre sa démission et la prison*. Le pauvre homme démissionne, rentre chez

(2) En 1907, M. Maura était au pouvoir.

lui humilié, le cœur malade, la tête en feu, menacé de congestion cérébrale. Pour intimider le village comme on a intimidé le maire, un délégué du préfet, le juge de paix de Médina del Campo et seize gendarmes arrivent à Villanueva, font une perquisition dans la maison du malheureux maire, bouleversent ses meubles, ses hardes, ses papiers, se font ouvrir l'Hôtel de Ville, nomment un des conseillers maire, un autre secrétaire de mairie et les installent au nom de la loi qu'ils viennent de violer de cent manières.

« ... Valladolid est une grande ville de plus de 60.000 âmes, où le parti radical semble décidé à lutter énergiquement, mais le préfet et le maire sont décidés à assurer la victoire des conservateurs. La veille du scrutin, le maire avertit les conseillers municipaux libéraux qu'ils ne présideront pas, comme le veut la loi, aux opérations électorales, et qu'ils seront remplacés, dans les différentes sections, par des délégués directs du préfet. Les conseillers réclament à grands cris, le maire leur refuse la parole puis, devant l'indignation générale, se sauve dans son cabinet et fait évacuer la salle par la police. Les conseillers se rendent à la préfecture, où le préfet joue l'étonnement, déclare que l'affaire ne le regarde pas, et qu'au surplus le maire lui a promis de faire respecter la loi. Les libéraux, s'attendant à des illégalités de tout genre, préviennent les notaires de la ville qu'ils les requerront le lendemain pour dresser procès-verbal de toutes les fraudes qu'ils pourront découvrir. Mais le lendemain, dès huit heures du matin, tous les notaires sont mandés à la préfecture, et invités à y demeurer jusqu'à nouvel ordre. Les électeurs influents sont traités de la même manière, conduits à la préfecture, mis au secret et gardés toute la journée jusqu'à la clôture du scrutin. Dans les sections de vote, des gens de tout acabit, délégués du préfet, interpellent les électeurs et, à la moindre exclamation, les font expulser de la salle. Aussi le résultat des élections est-il accueilli par des sifflets.

« Et ces faits, si graves qu'ils soient, sont encore dépassés par les illégalités qui ont marqué le retour à Valence de l'archevêque Guisasola. A tort ou à raison, les Valenciens, qui n'ont pas voulu comme archevêque du P. Nozaleda, ne veulent pas davantage de Mgr Guisasola. Du temps des ministères libéraux, ils avaient déclaré que l'archevêque ne rentrerait pas dans sa ville. M. Maura est parvenu à l'y réintégrer ; mais la chose s'est faite subrepticement et comme par surprise. Un soir, Mgr Guisasola a pris le train de Madrid pour Valence, vêtu en simple prêtre, sans bas violets, sans croix pastorale, sans glands au chapeau. Les autorités valenciennes ont fait garder la gare par la police. Le prélat est monté en voiture avec le capitaine général, le préfet, le maire de la ville, et s'est rendu au palais archiépiscopal par des rues détournées,

barrées par de forts détachements de police et
de gendarmerie. Ce ne fut pas précisément un
retour triomphal. Le lendemain, au conseil de
ville, il y eut d'énergiques protestations. Les
uns voulaient blâmer le maire d'avoir été au
devant du prélat, les autres de ne pas avoir
averti le conseil, qui aurait préparé à l'archevêque *la réception qu'il méritait.*. Valence
était houleuse ; des pétards, assez inoffensifs,
mais très bruyants, éclataient presque tous les
jours dans le voisinage des couvents, les républicains se montraient décidés à ne pas bais-
ser pavillon. L'autorité imagina alors d'inten-
ter un procès à vingt-sept conseillers municipaux pour avoir voulu introduire la politique
au conseil de la cité ; le procès suivit son cours
et chaque conseiller fut condamné à 5oo francs
d'amende ; puis, comme Valence ne pouvait
continuer à être représentée par des hommes
aussi scandaleux, le gouvernement remplaça
les vingt-sept conseillers libéraux ou républicains par vingt-sept réactionnaires et crut avoir
partie gagnée. »

L'autoritarisme de M. Maura, les violences
de M. La Cierva, les capitulations de M. Moret,
les beaux programmes, timidement publiés en
termes sybillins, de MM. Lopez Dominguez,
Canalejas, Villanueva, Jimeno y Alvarado et,
Gullon, tout cela qui ne représente que les mêmes mœurs et la même volonté d'inertie sous
des aspects différents, c'est (répétons-le) toute
la vieille Espagne, — l'Espagne d'aujourd'hui

Où donc trouverons-nous celle de demain ?

Vraisemblablement hors de la péninsule.

Il importe, pourtant, que nous nous intéres-
sions à l'Espagne de tout à l'heure qui prépare, peut-être sans le vouloir expressément,
les voies à celle qui, quelque jour, pour le
bonheur de la nation tout entière, pourra ou
voudra revenir d'exil. Cette Espagne de tout à
l'heure gîte presque tout entière à Barcelone.
Des esprits à courte vue croient encore que
c'est d'elle que viendra la rénovation nécessaire. Nous l'avons cru nous-mêmes il y a deux
ans, emportés que nous étions par le louable
effort de la solidarité catalane (1). Hélas ! il
nous a fallu déchanter. (Ferrer, qui ne fut pas
catalaniste, voyait plus clair que nous. Nous
allons y revenir). Au reste, en Catalogne
comme dans tout le reste du territoire ibéri-
que, sous la fixité des étiquettes, les partis, les
idées et les hommes, hormis les partis et les
idées de MM. Moret et Maura, sont changeants
à l'excès. Un seul fait reste constant depuis
l'origine de la décadence espagnole : l'antagonisme de la Castille et de la Catalogne.

A la réflexion, cet antagonisme était fatal
entre un état épuisé par ses nobles, ses dirigeants, son clergé, son armée (vampires agrif-
fant un peuple fatalement oisif dans ses provinces désertes, arides, dénuées de toute industrie)

(1) V. *La Question Catalane*, par GEORGES NORMANDY,
1 vol. (Bloud et C⁰) 1908.

et une contrée riche, peuplée de travailleurs, remplie de cultures et d'usines, attentive au progrès continental et doué d'une exceptionnelle vitalité. C'est parmi le conflit de ces deux grands éléments historiques, de ces deux nations et presque de ces deux races que l'Espagne évolue. Au même titre que la Pologne et la Finlande, la Catalogne est une province exploitée, opprimée — et révoltée souvent. On pourrait remonter jusqu'aux guerres puniques pour découvrir l'origine de la rivalité castillo-catalane, les Catalans secondant les Romains pendant que les Castillans servaient Annibal, rechercher les origines de l'influence gotique en Catalogne et du caractère mauresque de la Castille, mettre en parallèle à travers les siècles le régime démocratique catalan et l'effort castillan vers l'absolutisme, mais il vaut mieux arriver tout de suite au xixᵉ siècle, qui vit naître avec lui la *Renaissance catalane*.

Cette Renaissance, surprenante par sa vigueur et son universalité (elle est économique, scientifique, artistique, littéraire, etc.) fait le plus grand honneur à la Catalogne. Elle l'autorise à élever la voix, à réclamer la place qui lui est due, à se dresser en face de sa rivale, un peu comme une victime devant son bourreau.

La Renaissance économique fut sensible à la première. Elle est la source de la force catalaniste. Le travail, honoré jusqu'au Moyen-

âge (1), s'affaiblit lors de la décadence générale qui provoqua un si haut période de misère au xviii⁰ siècle, mais il reprit son essor
lorsque Charles III accorda l'autorisation de
commercer avec l'Amérique. Ce Charles III, qui
régna de 1759 à 1788, s'occupa beaucoup
du relèvement économique de l'Espagne ;
il traça des routes, creusa des canaux, créa des
musées, des académies, des écoles, et voulut
même réformer le costume national, ce qui
causa une terrible émeute des Madrilènes. Il
chassa les Jésuites et il châtia les bandits mé-
diterranéens. La Catalogne, qui s'était soulevée sous Philippe V, en 1713, resta tranquille
sous ce règne, — et jusqu'aux sottises du Grand
Corse. Nous l'avons dit, c'est le xix⁰ siècle qui
la vit prendre son essor. En 1829, elle comptait
trois cent cinquante-deux fabriques florissan-
tes. Et aujourd'hui elle peut supporter toute
concurrence, encore que la perte récente de
Cuba, des Philippines, de Puerto-Rico, la
prive d'important débouchés et que l'ineptie
gouvernementale la réduise trop au marché
intérieur qui rémunère tardivement, mal, et devient de jour en jour plus insuffisant. N'oublions
pas, d'ailleurs, combien ce pays à climat varié
est fertile, quelles belles rivières l'arrosent,

(1) On voit, par exemple, à Barcelone même, la noblesse
pourtant si hautaine et si jalouse de tous ses privilèges,
aspirer à être incorporée avec les artisans dans le Conseil
municipal, le célèbre *Conseil des Cent*, qui fonctionne pendant plus de cinq cents ans dans un esprit et sous une
forme indéniablement démocratiques.

quelles richesses minéralogiques recèle son
sol, quels arbres importants (oliviers, citron-
niers, orangers, arbres à liège) y croissent à
merveille, ainsi que les céréales et les vignes.
Beau pays dont les citoyens ont le droit d'être
fiers.

L'esprit catalan est essentiellement positiviste. Cette tendance naturelle est révélée par
l'influence profonde qu'exercèrent sur cet
esprit l'école Ecossaise de philosophie et l'é-
cole Française qui compte Taine. Elle est confirmée par la prédominance de Savigny dans
les études juridiques (1). En Castille, au contraire, les spéculations allemandes (notamment Krause) sont seules en faveur. Quelles
injures ne nous attirerons-nous pas en
avouant qu'à notre sens, le triomphe du positi-
visme dans un pays est, à notre époque, un
signe de vitalité, de progrès, d'évolution nor-
male ?

Aussi bien la Catalogne, comprenant qu'en
toutes choses « l'anarchie dépensière » de Madrid paralyse son essor économique comme la
tyrannie gouvernementale entrave sa liberté
de pensée et d'action, s'instruit elle-même. De
même qu'elle prétend qu'elle userait mieux de
ses revenus que ne le fait le pouvoir qui la

(1) Cette tendance se manifeste nettement, d'autre part,
dans le développement quasi nul que la spéculation pure
a pris en Catalogne, — ce qui contraste violemment avec
les progrès faits dans ce pays par l'étude des sciences
expérimentales et susceptibles d'applications pratiques
rapides.

tient en tutelle, de même qu'elle affirme
qu'aux gouverneurs, sous-gouverneurs, magistrats et fonctionnaires castillans elle substitue-
rait avec avantage des gouverneurs, des magistrats et des fonctionnaires catalans, elle as-
sure que l'enseignement donné chez elle, malgré elle, par des professeurs castillans et d'a-
près des méthodes castillanes est incomplet,
désuet, insuffisant. Et elle le prouve. Elle
fonde des écoles, elle constitue des associations
destinées à étudier à fond la nationalité catalane, à rénover la musique populaire, à culti-
ver le droit, la littérature, l'histoire, les sciences *spécialement appliquées au pays*, l'art, la
géologie, l'agriculture, la pédagogie, etc... (2)
Remarquons immédiatement que l'*Ecole Moderne* de Ferrer est tout à fait distincte de ces
organisations.

La renaissance artistique catalane est extrêmement curieuse. Il y a eu, certainement, en
Catalogne, au xve siècle, une influence fla-
mande et germanique. Cette translation au
Midi des écoles et des idées du Nord nous inté-
resse en ce qu'elle est la contrepartie de ce qui
eut lieu dans les régions septentrionales à l'é-
poque de l'invasion espagnole ; mais elle n'a
aucun rapport avec les rares et indigentes

(2) Les principales sont : LES ETUDES UNIVERSITAIRES
CATALANES, qui publient une importante Revue sous le
même titre : *Estudis Universitaris Catalans* dirigée par
M. R. d'Abadal ; LE CENTRE EXCURSIONNISTE DE CATALOGNE ;
l'ATHÉNÉE BARCELONAIS ; l'INSTITUTION CATALANE DE PHILOSO-
PHIE, etc.

peintures catalanes du xviii° siècle et avec l'école actuelle.

Celle-ci, sans souci de l'académisme de Madrid, *observe* surtout. Notons que la plupart des sculpteurs espagnols connus : don Joseph Llimona, — l'auteur du splendide *Monument du Docteur Robert*, qui obtint la médaille d'honneur à l'Exposition internationale d'Art (mai 1907) ; Reynès ; Querol ; Miquel Blay ; Benlliure, etc... sont catalans.

Il advient qu'une fièvre de rénovation fait parfois tomber les artistes catalans dans l'exagération par suite de cette tournure d'esprit que la tyrannie du pouvoir central exaspère. Mais la mise au point, peu à peu, s'effectue.

En peinture, ce sont : le potraitiste Ramon Casas, le paysagiste Riquer, Santiago Rusiñol, Anglada, Joseph Sert, — Fortuny parmi les morts, et, parmi les vivants, vingt autres.

L'architecture et les arts décoratifs surtout prospèrent. Rappelons ici que l'art décoratif catalan, depuis les temps les plus anciens, préfère la forme précise et sobre aux visions sémitiques, indécises et voilées d'arabesques, en honneur dans les écoles castillanes anciennes. Remarquons, par surcroît, que l'architecture catalane actuelle a pris pour base *l'art traditionnel* (gothique et roman) en l'ornant de matériaux nouveaux (1) et en l'appropriant aux

(1) L'architecture catalane moderne, sacrifiant parfois aux besoins du jour qui la poussent vers les exubérantes décorations méridionales, s'assimile, de loin en

besoins modernes et à l'atmosphère locale.
Notons enfin, avec joie, que l'art catalan a
pénétré dans les ateliers de ferronnerie, dans
les forges et dans les tissages (1). Les noms de
Gaudi, Puig y Cadafalch et de Domeneeh y
Montaner resteront parmi les plus grands de
cette époque.

Quant à la Renaissance littéraire, elle se
comprend d'autant mieux que la langue catalane fut une des premières, entre toutes les
néo-latines, à posséder une culture et que l'emploi n'en a jamais été perdu. Du groupe lan-
guedocien c'est de tous les dialectes méridio-
naux, celui qui ressemble le plus au latin vulgaire. Les Catalans comprennent facilement
les documents néo-latins les plus anciens.

En 1904, M. Joseph Aladern a commencé la
publication d'un vaste dictionnaire populaire
de la langue catalane (*Diccionari popular de la
Llengua catalana*) ou, mieux, un dictionnaire
occitano-catalan, car tous les dialectes d'Oc et
ceux de Barcelone et Valence ne sont que des
rameaux du vigoureux arbre occitan. Il est
utile de reproduire ce fragment de la *Préface*
du Dictionnaire de M. Aladern : « A l'étonne-
« ment de tous, aujourd'hui la grande Morte se

loin, dés éléments mauresques et même des visions va-
guement extrême-orientales. Elle le fait avec l'esprit traditionnel de l'art ancien qui suffit à la distinguer et à lui
donner un cachet local très particulier.

(2) Les sociétés artistiques de tous genres sont nombreuses en Catalogne. On peut citer parmi les principales:
*Orféo Catala, Catalunya Nova, Circol artistich, Circol
artistich de S. Lluet*, etc.

« réveille et ouvre ses lèvres, closes depuis
« tant de siècles, pour vivre sa véritable vie.
« D'un bout à l'autre de notre terre, le peuple
« catalan comprend et sent la nécessité de
« s'exprimer avec sa propre langue comme
« de regarder avec ses propres yeux et de pen-
« ser avec sa propre intelligence.

« Contre le but homicide des capitales cen-
« tralisatrices, il faut opposer la *tendance* (1)
« saine et diversificatrice de la nature qui,
« dans une même famille linguistique, a en-
« seigné à nommer les choses selon l'aspect
« sous lequel elle les présente avec une inépui-
« sable variété. Peut-être, quelque jour, s'ou-
« vrira l'ère splendide où notre langue ressus-
« citée s'épanouira glorieusement. L'avenir
« répondra. — Travailleurs, ayons foi en la
« vertu de notre race, et plus encore eu la dé-
« générescence de ceux qui l'oppriment ! » (2).

La langue catalane s'est d'abord manifestée
littérairement parmi des chroniques, des auto-
biographies — comme celles de *Don Jaime el
Conquistador* (le premier des rois catalans qui
abandonne le latin pour la rédaction des documents officiels) ou celle de *Muntaner de Des-*

(1) Il n'est peut-être pas sans intérêt de rapprocher,
pour la similitude du terme, l'opinion de M. Aladern de
celle de M. Angel Marvaud : « Un fait qui montre bien
« en quoi le catalanisme est une *tendance* plutôt qu'un
« programme concret de revendications, c'est l'importance qu'il attache à la langue ». (*La situation en Catalogne. — Courrier Européen*, 10 mai 1907, p. 295, c. 2.)

(2) *Diccionari popular de la Llengua Catalana*, par
Aladern, (Barcelone, Fr. Baxarias, éditeur, Balmès, 71.)

clot — et aussi dans une abondante floraison de romans historiques qui, même lorsqu'ils sont des livres de chevalerie, conservent un caractère positiviste accentué (*Tirant lo Blanch, Curial y Güelfa*, etc...). Cervantès appréciait fort ces romans catalans. (Voir son jugement sur le premier de ces livres dans *Don Quijote*.) La Catalogne eut aussi ses poètes (Ausias March, etc.), ses philosophes comme Ramon Llull, ses savants comme Arnau de Vilanova, etc. Mais la dynastie castillane arrêta tout à coup ce développement. On vit un ouvrage : *la Chronique de Pujades* (xviie siècle), commencé en catalan et achevé en castillan après l'avènement des oppresseurs ! Dès lors, la langue catalane fut bannie des actes officiels. Mais la tradition orale la conserva pieusement, la correspondance privée l'employa, les livres populaires la perpétuèrent.

On prétendait le catalan impropre à la vraie littérature malgré son brillant passé. Pendant quelques années, toutefois, les critiques l'admirent en littérature mais non dans les ouvrages politiques et scientifiques. Pour l'éloquence publique et le journalisme, la langue catalane n'existait pas.

Or, un journal s'avisa de publier une poésie anonyme écrite dans le dialecte populaire partout usité. Les yeux furent tous dessillés dans la province. On se remit à écrire en catalan. Les critiques l'acceptèrent. L'effort s'affirma. Il se généralisa. Il triomphe aujourd'hui. Et nous chercherions vainement une circonstance meilleure pour traduire le dicton très populaire à Barcelone : *Poble que sa llengua cobra se recobra a si meteix*, c'est-à-dire le peuple qui retrouve sa langue se retrouve lui-même.

La première trace de la renaissance contemporaine apparut chez les poètes chantant leur pays : Milla y Fontanals, Balaguer, Antoine de Bofarull, Rubio, etc... Puis survint une poésie patriotique exaltant le passé, l'amour du pays, la haine de la domination castillane : Pelay y Briz, Collell, Matheu, Thos y Codina et surtout Angel Guimera, le plus grand, l'auteur de cette farouche *Terra Baixa*, que nous avons pu applaudir à Paris (1).

A côté de cette littérature romanesque, théâtrale, poétique, la prose florit en maintes études historiques, discussions académiques, morceaux d'éloquence.

Une dernière remarque : la littérature catalane s'est divisée en deux directions complémentaires : l'une grandiose, chantant l'effondrement de l'Atlantide et la formation de la nationalité (Mossen Jacinto Verdaguer) ; l'autre familière, observatrice de la vie urbaine et rurale.

Au résumé, la Catalogne s'exprime en beauté littéraire. C'est la marque de sa vitalité, de la nécessité où elle est d'avoir sa place au soleil

(2) Bien que notre dessein ne soit que d'*indiquer*, nous ne pouvons omettre ici le nom de cet autre grand dramaturge catalan, Ignasi Iglesias.

pour s'y épanouir. La Catalogne, on le voit, est douée d'une vie propre, et le problème catalan est pour l'Espagne un problème national.

Un fait domine tout : l'Etat espagnol est dans l'impossibilité de satisfaire les besoins de la vie catalane. La Castille peut faire mourir Ferrer ; elle ne peut pas vivre seule. Elle ne le peut pas parce qu'elle est la proie de l'ignorance, des superstitions, des convoitises cléricales et militaires et parce qu'elle reste étrangère à l'évolution qui s'accomplit partout ailleurs ; elle ne le peut pas, parce que son budget, déjà trop pauvre, est redevable de plus d'un cinquième de son total à la Catalogne (la disproportion de cette contribution avec le chiffre de la population et l'étendue territoriale catalanes est fantastique) ; elle ne le peut pas parce que le gouvernement est actuellement et pour un temps encore indéterminé aux mains du même parti aveuglément soumis à la routine et à l'inertie traditionnelles. Ici quelques remarques générales s'imposent.

Depuis le temps de la République et du passage aux affaires de Figueras et de Pi y Margall, deux Catalans seulement furent ministres.

Le personnel administratif n'est pas catalan.

Les professeurs sont recrutés à Madrid (et c'est eux, venus d'un pays sans art ni industrie, qu'on charge de l'enseignement industriel et artistique à Barcelone) ! Dès lors, en Catalogne, les services publics sont insuffisants ou salariés par le commerce, l'enseignement est payé sur les fonds locaux. Tel est le cas de l'Ecole d'Architecture, de l'Ecole des Beaux-Arts, de l'Ecole des Ingénieurs, de l'Ecole d'Agriculture. Le Palais de Justice, la Douane sont entretenus par le commerce. L'Etat administre quand même tout cela, sans honte, mais avec quelle incurie ! A Barcelone, le contraste est choquant entre les institutions privées et les institutions publiques, celles-ci aussi arriérées et malpropres que celles-là sont riches et progressistes.

En Catalogne, l'initiative individuelle doit se manifester jusque dans le service de la sûreté publique pour suppléer à l'inaction gouvernementale. Le *somaten* (qui arrêta Ferrer, nous l'expliquerons avec l'attitude des catalanistes), milice irrégulière, s'assemble au son de la cloche et s'organise dans les villages de la banlieue même de Barcelone pour retrouver les auteurs de crimse. Et, à côté du *Somaten*, il y a encore le corps de *mozos de la Escuadra*, purement local. L'Etat pressure les travailleurs catalans et, par surcroît, il ne les protège pas du banditisme !

Un fait entre mille : lors des attentats anarchistes (fort avant l'affaire Matteo Morral), le commerce barcelonais offrit de payer une police pour rechercher et traquer les auteurs de ces attentats. L'Etat refusa cette offre avantageuse. Il préféra envoyer dans la ville quatre cents gueux — venus d'où ? Ces gens, qui recevaient un salaire de deux francs cinquante

par jour, ignoraient absolument le langage,
la topographie et les mœurs de la région.
Dans ces conditions, il était aisé de prévoir
l'inefficacité — d'ailleurs voulue et pour cause !
— de leurs recherches.

On comprendrait seulement par ce que nous
venons d'écrire qu'un *Catalanisme politique*
ait pris naissance. Hier, ce catalanisme fut un
fait, un fait indéniable et d'une importance
considérable. Tous les auteurs, malgré la di-
versité et même l'antagonisme de leurs opinions s'accordaient à le reconnaître. M. G. Desdevizes du Dézert imprimait : « *La Catalogne
« aux Catalans !* Voilà le cri qui rallie tout le
« monde. Carlistes, républicains, intégristes,
« nationalistes, cléricaux, divisés sur tous les
« autres points, *s'accordent du moins dans
« leur haine commune contre la centralisation
« administrative et l'hégémonie castillane.* »
M. I.-L. Lapuya, républicain, qui fit au
Grand-Orient le panégyrique de Ferrer, déclarait : « Rien de plus compliqué que le mouve-
« ment catalaniste actuel. Pour le rendre com-
« préhensible, il faudrait d'abord un long ex-
« posé historique. De cet exposé il résulterait
« que la nationalité catalane n'a jamais été
« bien soudée aux autres peuples de la Pénin-
« sule. Mais il faudrait expliquer alors pour
« quelles causes cette nationalité, endormie
« pendant au moins deux siècles, se réveille
« à présent. L'explication serait aisée... Que
« l'on veuille bien admettre comme prémisses

« indispensables : 1° qu'il y a une *nationalité*
« *catalane* ; 2° que cette nationalité se révèle
« aujourd'hui puissante, résolue et agressive.»
Mais depuis...

C'est M. Angel Marvaud, dont le modéran-
tisme est notoire, qui écrivait, de Barcelone :
« Le catalanisme en lui-même procède surtout
« d'un *sentiment* — je ne dis pas de haine —
« mais de *désaffection à l'égard des autres pro-*
« *vinces de la Péninsule*, particulièrement de
« la Castille. Qu'on explique ce sentiment par
« des considérations géographiques, histori-
« ques, ethniques, ou autres, peu importe.
« Que l'attitude de tous les gouvernements qui
« se sont succédés depuis des siècles à Madrid,
« ait été déplorable, au point de reconnaître
« les intérêts légitimes de ce peuple catalan,
« industrieux et actif, ce n'est pas douteux.
« Mais la question n'est pas là. Ce qu'il con-
« vient de remarquer, c'est que ce sentiment de
« désaffection existe et qu'il faudra bien du
« temps, sans doute, et une politique adroite
« et prudente — *qui n'est malheureusement*
« *pas à prévoir* — de la part du pouvoir cen-
« tral, pour l'atténuer et le faire disparaître
« peu à peu. »

Et Nicolas Salmeron y Garcia, qui menait
alors tout le mouvement solidariste, affirmait
(avec une brutalité d'expresion que sa bravoure
et le milieu surchauffé dans lequel il vivait
excusaient) : « ...On ne sait pas, on ne peut
« pas savoir à l'étranger, dans le monde civi-

« lisé, les réels dessous de la politique en Es-
« pagne. *Il n'existe pas d'éléments sérieux et*
« *impartiaux de renseignements.* L'élément
« officiel ou officieux de la diplomatie qui in-
« forme les gouvernements et la presse étran-
« gère font un simple office de domestiques
« plus ou moins galonnés et décorés de la cour
« royale de Madrid. La presque totalité de la
« presse madrilène manque le plus souvent de
« bonne foi et de réelle indépendance et ne
« peut guère renseigner utilement l'opinion
« étrangère. Fort malheureusement, enfin, la
« plupart des journalistes qui envoient des
« correspondances aux journaux et périodi-
« ques de l'étranger sont absolument hors
« d'état de pouvoir éclaircir n'importe quelle
« question. La *Solidarité Catalane* pose une
« question à la fois très simple et très com-
« plexe, qui trouble et déroute les gens habi-
« tués à l'atmosphère mensongère de la poli-
« tique espagnole et dépasse les ressources
« mentales de la coterie toute puissante des
« médiocres gazetiers qui se sont emparés de
« la direction de la conscience nationale espa-
« gnole, défaillante et presque moribonde par-
« tout ailleurs qu'en Catalogne. — L'examen
« en détail des causes et des aboutissants de
« ce formidable mouvement de la *Solidarité*
« *Catalane* reviendrait tout simplement à en-
« treprendre une étude approfondie de tous les
« problèmes politiques et sociaux qui se trou-
« vent en question en Espagne. Il s'agit bien

« là, ainsi que l'ont fait remarquer quelques
« esprits clairvoyants, d'une question synthé-
« tique constitutionnelle, ou, mieux encore,
« pré-constitutionnelle, d'une question d'es-
« thétique politique, de principes fondamen-
« taux en même temps que d'une question
« concrète et précise, d'un fait social et poli-
« tique bien défini et circonscrit. Ce n'est
« qu'au fur et à mesure que les débats engagés
« déjà au Parlement sur la Question de la Soli-
« darité et que les événements même se pro-
« duiront, qu'il sera possible de développer
« tout le contenu de ce fait qui doit logique-
« ment exercer une action profonde dans les
« destinées de l'Espagne. Il faut se borner
« pour l'instant à poser clairement et nette-
« ment le fait primordial qui constitue le
« mouvement de Solidarité Catalane, fait fon-
« damental. »

Ah ! le beau mouvement que c'était là, pour
nous, étrangers, jugeant à distance, sur l'histoire, sur les faits et non sur les hommes. Avec
quel enthousiasme nous le saluâmes ! Souvenons-nous.

Lorsque la renaissance catalane commença
à prendre conscience d'elle-même, elle connut
les hésitations, les tâtonnements inhérents à
tous les débuts. Elle essaya de s'adapter au milieu politique contradictoire qui l'entourait. Elle
tenta ensuite, sous la royauté, de s'accomoder
du *fuerisme*, du nationalisme, et c'est là la
raison pour laquelle la Catalogne fut, jadis,

une des citadelles du carlisme. Puis l'idée fédéraliste vint. Les Catalans souhaitèrent de toute
leur âme la *Republica federal*.

En 1868, en effet, pendant la Révolution
espagnole, le mouvement particulariste se des-
sina. Il prit deux orientations.

L'une, avec Pi y Margall, allait vers cette
constitution fédérale de l'Espagne qu'on dis-
cuta au Parlement en 1873. L'autre, avec Va-
lentin Almirall, qui, craignant l'impossibilité
de fédéraliser tout le Royaume, préconisait la
constitution d'un Etat Catalan, fédéré, par
traité, avec lui.

L'avortement de ces tentatives coïncida avec
la chute de la République et la restauration
des Bourbons. M. Canovas, inspirateur de cette
restauration affermit l'hégémonie castillane et
essaya de tuer le particularisme catalan. Un
auteur espagnol a exprimé cela sous une forme
plaisante : Alors, dit-il, « l'idée fédéraliste,
sous l'influence de la République française
« une et indivisible », céda sa place aux aspirations républicaines centralisatrices : les pauvres girondins catalanistes furent à peu près
guillotinés ». C'est exact. Mais on ne détruit
pas l'esprit d'un peuple. La Catalogne existait.
Elle existe. D'ores et déjà, à cette époque, elle
était « divorcée » moralement (selon le mot de
M. Marvaud dans le *Courrier Européen*) de la
monarchie. En 1892, les Catalanistes assem-
blés à Manrésa, approuvèrent les célèbres *Bases*
d'une Catalogne autonome, *Bases* qui, pen-

dant quelques années, furent le programme
politique du Catalanisme.

Les promoteurs du mouvement, avocats,
écrivains, artistes, n'entrèrent effectivement
dans la lutte politique que lors de la formidable débâcle coloniale de 1898, qui leur fut très
favorable. Les Catalanistes se virent seconder
dès lors par toutes les classes commerçantes,
industrielles et agricoles atteintes par cette ca-
tastrophe. Le parti catalan devint une force
officiellement redoutée.

On fonda le grand quotidien : *la Veu de Catalunya*, qui devait jouer un rôle électoral si
grand.

Vinrent les scrutins de 1901. La comédie
traditionnelle prit une allure un peu nouvelle,
grâce aux Catalans qui ne se résignèrent pas à
accepter les élus préalablement désignés par le
pouvoir central. Catalanistes, ils surent combattre, chez eux, l'état des choses. La bataille
fut très rude, très longue et parfois dramatique
à l'excès. Et la Solidarité Catalane triompha enfin aux élections de 1907.

Les élections espagnoles ont donc cessé d'ê-
tre, au moins sur le territoire catalan, un faux-
semblant. C'est à la *Lliga Regionalista* catalane surtout que l'on est redevable de ce résultat. Cette organisation, directrice du mouvement, lutta, dès 1901, pour assurer l'équité du
vote et elle la provoqua par une organisation
électorale probe. Pour la première fois, les
élections reflétèrent la volonté de la population

Résultat : les partis coalisés de la monarchie
furent battus par les candidats régionalistes.
Depuis, plusieurs autres fois le triomphe catalaniste s'affirma. A merveille ! La situation paraissait très claire. Lutte entre la Castille pa-
resseuse, qui n'a jamais connu la liberté, qui
l'ignore et qui ne peut l'aimer par la faute de
son tempérament, passionné et despotique —
et la Catalogne, terre de labeur et de liberté ;
en Catalogne, union de tous les partis sur le
programme solidariste, des républicains de
toutes nuances aux carlistes ; autonomie,
transformation des institutions existantes, etc.
Avec deux ombres au tableau : le pseudo-ré-
publicanisme anticatalaniste d'Alejandro Lerroux et le séparatisme. Mais Lerroux ne représentait (et il ne représente aujourd'hui) aucune
puissance sérieuse. (L'homme a un passé que
son attitude correcte à l'égard de Ferrer mort
ne fera oublier ni en France — ni, *à fortiori*,
dans l'Espagne contemporaine. On nous écrivait alors de Barcelone ceci, entre autres choses :
« Actuellement, on peut dire qu'il n'y a pas
en Catalogne d'autres ennemis de la Solidarité que les débris des vieux partis monarchistes et leur allié, le soi-disant républicain
Lerroux qui, sous des apparences révolutionnaire est un agent de la monarchie. Il est le
seul, l'unique député républicain espagnol qui
soit ennemi de la *Solidarité*. » Et nous nous
rapprochons un peu de l'hypothèse émise par
Ferrer au début de ce chapitre. M. Lerroux est

un politicien de métier. Nous le croyons seul
de son genre en Catalogne. Mais n'anticipons
pas. Voici pour la première ombre — négli-
geable. Passons à la seconde : le séparatisme,
le séparatisme dont les caciques abusaient
pour leur défense personnelle comme M. Lerroux abusait de l'argument : « Les Solidaris-
tes, coalition invraisemblable, ne sont d'accord que pour *détruire* » (1). Or, le gouverne-
mnt, en prenant le séparatisme comme
prétexte pour opprimer la Catalogne, se ser-
vait de quelque chose d'effectivement inexis-
tant. Il n'y avait pas de parti séparatiste catalan.

Cette théorie n'existe, aujourd'hui encore,
que dans l'esprit de quelques littérateurs ou
de quelques idéalistes aussi rares qu'isolés. Pas
une association, pas une publication ne prou-
vent cette tendance, dangereuse au point de
vue international, inventée pour des besoins
inavouables mais devenus évidents. (2).

(1) Argument décidément à la mode en Espagne !
On ne s'est pas servi d'une autre arme contre Ferrer.

(2) Le gouvernement tirait prétexte de ces allégations
fallacieuses pour multiplier les mesures centralisatrices,
oppressives et vexatoires. Un décret du ministre comte
de Romanones, interdisait l'enseignement du catéchisme
en catalán. Un autre, de M. Dato, sur les concours du
notariat, d'autres rendus par le cabinet Villaverde dimi-
nuèrent encore les attributions, déjà si limitées, des
municipalités. Pendant ce temps, pour donner le change,
les déclarations du Roi sont pacifiques. Des Silvela et
des Polavieja font des promesses. Mensonge et manœuvre ! On persécutait l'idée catalaniste. On édicta contre
elle une loi spéciale, en suspendant tant de fois les droits
constitutionnels de réunion et d'association, liberté de la

La situation était donc très nette — et l'avenir,
avons-nous dit, se devinait assez aisément : progrès du catalanisme, conquête pacifique mais
en progrès constant du pouvoir législatif, ache-
minement vers l'autonomie régionale, etc...
Déjà, en février 1908, M. Maura se serait plus
volontiers passé de l'avis de M. Moret, Azcarraga
ou Montero Rios que de celui de M. Cambo, Su-
ñol et des autres leaders catalanistes. Ah ! quoi
qu'on puisse dire, c'était là le beau temps ! On
souffrait, mais on allait vers le but. Comme on
résistait bien au pouvoir central alors ! Que de
martyrs s'immolaient à la bonne cause ! C'é-
tait l'époque où l'un de mes correspondants
barcelonais m'écrivait (1) : « Etes-vous au
« courant de l'attitude inconcevable adoptée
« par le gouvernement dans la discussion de la
« loi dite des « juridictions » ? Cette attitude a
« déterminé la retraite des minorités républi-
« caines, catalanistes et carlistes, et soulevé
« l'indignation de tout le pays. Malgré tout,
« et profitant de l'absence des minorités d'op-
« position lors du vote de ce projet de loi

presse, inviolabilité de domicile, que la Constitution, depuis 1898, est un leurre. Et ce fut alors que le ministère
libéral (1) présenta son projet de loi absurde et odieux
soumettant à la juridiction des tribunaux militaires les
soi-disant délits de presse ou de parole commis contre
l'armée et la patrie, — projet rédigé en termes si vagues
et si ambigus qu'on peut considérer comme délictueuse
toute propagande autonomiste. On sait, d'autre part, ce
que vaut cette justice militaire qui donna au monde indigné des exemples d'infamie comme les procès de Clavijo
et de Montjuich — bien avant le procès Ferrer.

(1) En mars 1906.

« draconien, le gouvernement l'a fait approu-
« ver en hâte et il va fermer les Chambres.
« En protestation, on prépare la fermeture gé-
« nérale des portes dans toute la Catalogne un
« jour donné et la célébration d'un acte civi-
« que (un meeting par exemple) en l'honneur
« des députés qui ont combattu cette loi qu'on
« appelle ici *la Loi contre la Catalogne.* »

Cet acte civique eut lieu à Reus, le 15 avril
1906. — Voilà l'impression produite sur la province par le vote de la loi ambiguë promulguée
par le ministère libéral. (Il est rare, dans l'histoire des peuples, de voir un Parlement décré-
ter des mesures spéciales à une des divisions
administratives de son pays.) — Ce vote put
étonner. L'application stupéfia. Donnons des
exemples ; ils datent tous de 1906 :

a) Six personnes de San Félice de Guixols
furent condamnées à six mois de prison pour
avoir signé un télégramme adressé à la *Veu de
Catalunya.* Or, ce télégramme, expédié le lendemain du jour (25 novembre 1905) de l'é-
meute militaire de Barcelone, au cours de laquelle les bureaux de *la Veu* furent envahis
par l'armée gouvernementale, ne fut pas même publié. Il contenait ces mots ironiques :
*Nous félicitons les héros de Santiago et de Ca-
vite,* — ce qui ne constitue guère un « crime
de lèse-Majesté ». Cette inculpation et ce verdict devinrent plus compréhensibles lorsqu'on
apprit qu'il *fut interdit aux accusés de nommer des avocats pour plaider leur cause* et

qu'ils eurent pour défenseurs, *par ordre*, des militaires choisis parmi ceux ayant donné des preuves de leur aversion pour le catalanisme.

b) *La Campana de Gracia*, publication populaire hebdomadaire, ayant imprimé une étude dans laquelle le député Émile Junoy narrait ses *impressions personnelles* relativement au régime actuel et à l'armée, et M. Junoy jouissant de l'immunité parlementaire, M. Recto, directeur de la *Campana de Gracia* fut seul mis en cause et, malgré ses protestations, déclaré responsable de cet article pourtant signé « Emile Junoy ». En conséquence, M. Recto se vit condamner pour « injures à l'armée » à *deux ans de prison*.

c) M. Louis Mañau, le *leader* bien connu, ayant fait, dans un meeting, un discours catalaniste mais très modéré, fut inquiété pour « attaques à l'armée ». Or, *tous les journalistes présents au meeting, tous les témoins entendus* lors du procès et le représentant de l'autorité lui-même, qui présida la réunion où M. Mañau se fit entendre, démentirent les paroles attribuées au conférencier. Un seul témoin, rédacteur au journal *El Liberal*, eut l'imprudence de confirmer le texte de l'accusation. Ce faux témoignage suffit, il devint la *base unique* de la condamnation. A M. Louis Mañau furent infligés *douze mois de prison*.

d) Le journal français le *Petit Catalan*, de Perpignan, ayant publié plusieurs articles qui déplurent au gouvernement fut arrêté pendant quelques jours à la douane de Port-Bou, station frontière.

Que d'autres exemples à citer ! C'était un jeune homme qu'on enfermait pour avoir joué dans la rue l'hymne national catalan . « Els Ségadors », (pourquoi, dans cet ordre d'idées, ne pas arrêter tous les braves gens qui dansent « la Sardana », pas national ?) ; ce furent les poursuites intentées au directeur de l'hebdomadaire *l'Avi*, à cause d'une gravure insérée dans laquelle *on voulait voir* une allusion au Roi, — alors que les journaux militaires madrilènes *El Ejercito Militar*, la *Correspondancia Militar*, *El Ejercito y Armada* publiaient en toute liberté, des articles quotidiens outrageant la Catalogne et les Catalans ; ce furent des personnalités *civiles* déférées pour des motifs parfois invraisemblables à des *conseils de guerre*. Mais à quoi bon augmenter cette énumération déjà longue et d'ailleurs suffisant à montrer que si la désaffection des Catalans pour la Castille était justifiée amplement, leur modération anti-séparatiste méritait tous les éloges ?

Considérant (1) que le Catalanisme comptait des administrateurs de l'envergure de M. Prat de la Riba et, parmi ses députés, des hommes aussi intègres que Garner, des traditionnalistes de valeur tels que Vazquez de Mella y Junyent et Puig y Cadafalch, des avocats aussi

---

(1) G. Normandy: *La Question Catalane* p., 52.

habiles que Joan Ventosa y Calvell, des fédéra-
listes de l'école de Pi y Margall (Vallès y Ribot,
Pi et Arsuaga), des indépendants tels que Ama-
deo Hurtado ; constatant que, dès leur entrée
aux Cortès, ces représentants ne perdaient pas
leur temps en récriminations vaines, qu'ils
poursuivaient opiniâtrement leur programme
réaliste, faisaient écouter leurs discours, précis,
ignorant la vaine rhétorique chère aux castillans et aux Andalous, nous nous disions que le
régime d'exploitation systématique de la nation espagnole allait finir et que nous verrions,
dans un délai rapproché, le régime constitutionnel, le gouvernement responsable, le système représentatif, le *self-government*, le suf-
frage universel, les libertés fondamentales et
les partis politiques exister — enfin après tant
d'années de fiction — autrement que sur le
papier. Nous espérions — ne voulant pas trop
espérer — voir le pouvoir central faire ce
qu'indique M. B. Santos y Vall, littérateur indépendant et pondéré, dans ses intéressants
Ecos de Cataluña (1), c'est-à-dire permettre,
partout où ils existent, aux germes d'une vie
autonome de se développer, ne pas apporter
d'entraves inutiles à l'essor de cette vie partout où elle se manifeste et faciliter, là où
la vie fait encore défaut en Espagne, l'accrois-
sement des moyens de vivre ». M. Gasset pro-
posait d'irriguer les 80.000 hectares de terres

(2) 1 vol. publié d'abord en inédit, par la revue
Nuestro Tiempo.

labourables de la vallée du Guadalquivir et d'y
faire renaître les vergers et les champs de
jadis. Les vieux partis injuriaient à souhait M.
Cambo. Nous évoquions déjà une Catalogne
transformée, par des moyens légaux, après de
belles luttes mais sans à-coups, et le spectacle
de sa métamorphose (réalisée en une dizaine
d'années) et de sa prospérité incitant Valence
et l'Aragon, où l'idée régionaliste prend corps,
à agir de même. Nous voulions voir la Catalogne donner à toute la péninsule le signal de la
régénération nationale.

Beau rêve ! Nous comptions sans l'individualisme exagéré des races latines, sans les intérêts particuliers de beaucoup, sans la naïveté
de quelques-uns, sans la rouerie de M. Maura,
sans l'autoritarisme de quelques-uns de ses collaborateurs et sans la passivité légendaire de la
majorité parlementaire. La loi réformant le régime municipal nous leurra d'abord, bien
qu'elle fut loin de répondre aux désirs des soli-
daristes, puis elle commença à nous éclairer.
Renonçant à satisfaire les Catalanistes avec son
projet de réforme illusoire tel quel, M.
Maura se les concilia en y ajoutant un article
*permettant aux villes de plus de 300.000 habi-
tants* (il n'y en a que deux dans tout le royaume : Madrid et Barcelone) *de négocier directement avec le gouvernement pour obtenir de
nouvelles franchises et des privilèges particuliers.* M. Cambo défendit le projet gouverne-
mental qui, sans rien accorder de précis à Ma-

drid et à Barcelone, laisse le gouvernement
libre de puiser, comme d'usage, dans les caisses
municipales toutes les fois qu'un déficit ou
qu'une dépense imprévue figurent au budget
— quitte à autoriser les municipalités à équi-
librer leurs comptes en augmentant à volonté le
chiffre déjà très lourd des impôts de toute nature. Dès lors, on ne pouvait plus espérer la
relégation prochaine au magasin des acces-
soires de la vieille balançoire canoviste. Le procès de Ferrer vient d'illuminer complètement la
situation. Nos amis de Barcelone nous par-
donneront de leur dire brutalement notre pensée. En agissant autrement, nous serions peut-
être des flatteurs ; nous ne serions plus des
amis.

Eh bien ! ce qui existait depuis toujours en
Castille s'est produit en Catalogne. Il y a
une droite régionaliste composée de ruraux
réactionnaires, de cléricaux nouveau style,
d'industriels, de rentiers qui imposent la volonté et les aspirations des classes aisées — spé-
culant pour cela sur l'inertie d'une grande partie de la population. L'individualisme partout
et toujours ! Un « caciquisme » catalan est né
qui s'arrange pour ne pas faire trop mauvais
ménage avec le « caciquisme » castillan.

Qu'on nous entende bien ; nous ne contes-
tons point l'excellence de l'impulsion donnée
par les catalanistes. Ils ont fondé, dit avec
justesse Desdevizes du Désert, « un nationalisme spirituel contre lequel rien ne prévau-

dra » Ils ont acclimaté quelque peu l'idée
d'union dans un pays où ce mot ne corres-
pondait à rien — et où il ne correspond encore
aujourd'hui qu'à quelque chose de bien superfi-
ciel (1) Quand tous les Catalans, quand tous les
Espagnols sauront qu'ils peuvent vivre libres
— en travaillant — la régénération nationale
sera rapidement réalisée. Mais nous doutons
fort, à présent, nous qui fûmes si enthousias-
tes, que le catalanisme, qui n'a pas su refréner
les intérêts des personnes devant ceux des
foules soit capable d'accomplir autre chose
que ce qu'il a fait — sinon d'entraver un peu
l'application de la néfaste politique de Canovas sans l'anéantir — c'est-à-dire de trou-
bler un peu plus la tranquillité intérieure de la

(1) Exemple : M. Vinardell-Roig publiait (dans l'*Éclair*)
aussitôt après l'exécution du fondateur de l'*École Moderne*, « pour éclairer la religion de ceux qui se sont
lancés dans le mouvement, sans connaître un traître mot
de l'homme ni de ce qu'on appelle son œuvre », des
déclarations de ce goût :

« Ferrer n'a été ni l'importateur des idées laïques,
ni l'initiateur de l'école laïque en Espagne. MM. Ferdinand Buisson et Léon Placide se trompent absolument à
cet égard. »

« La seule souveraineté qu'il introduisit dans son
école moderne, dont on a tant parlé sans la connaître,
c'est *la propagande anarchiste* plus ou moins disimulée
sous couleur de science et de culture. »

Sans vouloir nous engager dans la discusion que ces
affirmations appelleraient, soulignons toute l'inconve-
nance d'une pareille manifestation en un semblable moment. M. Vinardell-Roig est considéré comme l'ancien
président du Comité d'action républicaine espagnole et
comme l'ancien directeur du journal *En avant... quand
même !* organe des républicains et libres-penseurs de
Paris. D'après ce républicain, jugez des monarchistes !
Ah ! l'individualisme !...

péninsule. Tel est le bilan de toutes les demi-
mesures, de tous les travaux modifiés en cours
d'exécution, de tous les faux départs politiques.

Voyez l'attitude des catalanistes à l'égard du
Catalan Ferrer. Non seulement *la Veu de Catalunya* n'a pas esquissé un geste de protestation
contre ce crime, mais encore elle a inséré des
notes tendancieuses contre le martyr. Mieux :
pendant que le parti de M. Lerroux négociait
avec le parti ouvrier, auteur responsable de la
grève, et finissait par conclure qu'*officiellement
il ne pouvait être de la conjuration*, (ce qui ne
l'empêcha pas, par un double jeu, de prendre
parti contre Ferrer, adversaire redoutable, en
le sachant innocent... quitte à le défendre...
après l'exécution), la *Veu de Cataluñya* asso-
ciait en plusieurs circonstances ses arguments
à ceux de *la Epoca* et d'*El Universo* de Madrid.
Ce qui lui valut des ironies vengeresses de la
Esquella de la Torratxa en particulier. C'est
incroyable. Les organisations catalanistes telles que l'*Unio Catalanista* et le *Centre Nacio-
nalista republica*, laissèrent exécuter Ferrer.
Et nous ne sommes pas éloignés de croire que
si elles réprouvaient intimement le crime du
ministère Maura, elles ne le virent pas accomplir sans plaisir. C'est *Papitu*, qui représentait
en octobre une Salomé-Lliga, dansant devant
un Hérode-Maura, pendant qu'un esclave tient
dans un plateau la tête de Saint-Jean-Baptiste-
Ferrer. De fait, il paraît que le *Comite de De-
fensa Social*, composé surtout de membres de

la droite régionaliste, joua le rôle d'indicateur auprès de la police. Sans approuver les
actes révolutionnaires — car nous préférons
l'évolution qui améliore sans démolir à la révolution — il est difficile de ne pas voir là un
acte anticatalaniste. L'individualisme exagéré
toujours, d'une part, des bourgeois qui craignent pour leurs biens et, d'autre part, le désir
du parti de M. Cambo (quelle désillusion
pour nous !) d'être le maître de la politique
catalane — allant à l'inverse du but de la
Solidarité en exaspérant tous les autres partis
catalans ! Ah ! M. Maura est un habile homme !
Il reste à savoir si tout ce qui fait vivre les politiciens sera capable de faire vivre un jour,
comme elle doit vivre, l'Espagne tout entière (1).

(1) Au moment où nous allons signer le bon à tirer
de cet ouvrage, nous avons le plaisir de nous rencontrer
sur quelques points avec le politicien très expérimenté
qu'est M. Camille Pelletan. M. Pelletan déclare, dans son
dernier article :
« Tout semble combiner pour arrêter l'activité productrice et le développement des richesses du pays. Le
clergé possède la plus grosse part de la fortune publique. La grande propriété condamne à la misère la masse
des travailleurs ruraux, qui émigrent, à ce que l'on
m'a assuré, en si grand nombre que le gouvernement
a dû s'en inquiéter. Avec de magnifiques richesses naturelles, l'Espagne reste pauvre ; et il faut qu'avec cela
elle sue un budget de grande puissance. De là des impôts
écrasants. A-t-on assez crié contre nous, en France,
parce que nous proposions, sur les traitements et les
gains du travail, une taxe de 3 % au minimum, qui, avec
l'impôt complémentaire, pouvait atteindre 4 ou 5 % pour
des revenus déjà importants ! En Espagne, l'impôt sur
les revenus du travail personnel est de 10 % pour les
revenus au-dessous de 1,500 francs. Il monte à 20 % à
partir de 12,500 francs. Il est également de 20 % pour
une partie des rentes d'Etat, de 15 % sur les revenus des

A notre sens, Ferrer avait raison contre nous. Il connaissait son pays et sa génération. Et c'est parce qu'il voyait trop clair, c'est parce qu'il travaillait avec trop de certitude à la bonne Cause, qu'on l'a supprimé. Il savait bien, après avoir tenté d'agir plus directement au temps de sa jeunesse, qu'aucune réforme sérieuse ne sera possible en Espagne avant qu'on ait changé la mentalité espagnole, soumise, depuis des siècles, à un mysticisme assez mitigé, à l'ignorance et à l'inconscience absolues du devoir social, national et international. Il formait les générations nouvelles, il libérait les esprits avides de savoir, il préparait l'avenir.

Le Vieux Monde a voulu essayer de retarder l'heure où l'humanité nouvelle submergera les

banques, etc... Tout le reste est à l'avenant : frais de justice, douanes, etc.

« Ainsi ce bon régime clérical est un régime de ruine. On sait d'ailleurs ce qu'il a fait du domaine colonial de l'Espagne. Que ferait-il de l'Espagne elle-même s'il s'éternisait ? N'est-il pas navrant de penser qu'il y a trois ou quatre mois, ce pays s'était vu retirer les garanties élémentaires de liberté qui composent le droit commun des nations modernes au moment où la Turquie venait de les conquérir, et que la censure y fonctionnait comme chez le tsar ?

« Cette grande et généreuse nation mérite pourtant d'autres destinées. Aucune n'a réclamé ses droits populaires avec plus d'éclat ; aucune n'a soutenu pour eux des luttes plus héroïques. La tribune des Cortès espagnoles a été une des plus glorieuses de l'Europe moderne. Le pays qui a donné un Castelar à l'histoire de l'éloquence politique, le pays des Salméron, des Pi y Margal, des Zorrilla est assurément digne de sa part des libertés et des progrès modernes. Il ne peut pas être condamné à sentir indéfiniment sa substance et sa force épuisées par la réaction cléricale qui l'étouffe. »

débris de l'obscurantisme, de l'égoïsme, de la brutalité d'antan, au maintien desquels il doit d'exister encore. Le danger n'était pas immédiat, mais il apparaissait comme devant devenir à brève échéance autrement redoutable que le mouvement d'abord impétueux, puis pulvérisé en petites intrigues, de la *Solidarité Catalane*.

Or, d'une part, déjà l'influence de l'*Ecole Moderne* se fait sentir en Espagne. Il y a toute une génération d'hommes de trente ans qui ont des défauts peut-être, mais des idées saines sûrement, un courage éprouvé, une instruction étendue (1) et qui agissent déjà. D'autre part, la persécution, comme il arrive souvent, au lieu d'atteindre le but visé par les persécuteurs se retourne contre eux.

La mort de Ferrer n'aura pas été inutile à l'Espagne. Sans doute, l'apôtre n'est plus. Mais d'autres restent qui achèveront l'œuvre commencée. Ils savent comment l'Europe a jugé la mémoire de leur chef ; malgré tout ils n'ont pas perdu et ils ne perdront pas courage. Il y aura d'autres batailles.

Ce que les intrigues, ce que les ligues, ce que les politiciens n'ont pas su faire, se réalisera, comme l'espérait Ferrer, en dehors de toute organisation, par le seul développement des consciences libres. La rénovation du vieux

(1) Sans nous départir de notre indépendance absolue, et sans vouloir les apprécier ici, nous signalerons, sur les idées nouvelles d'un des partis jeune-catalans, les intéressantes conférences de M. J. Brossa.

monde aura lieu dans la péninsule comme elle a lieu partout ailleurs, et cela malgré la cruauté cléricale, malgré les menaces d'un militarisme trop puissant, malgré les habiletés ou la poigne d'un pouvoir central — qui ne craint pas, après avoir promis au monde de donner toute la publicité nécessaire au procès de Ferrer, de n'oublier (dans sa brochure *Inicio ordinario seguido ante los tribunales militares en la Plaza de Barcelona contra Francisco Ferrer Guardia*) que *la défense de la victime* par le capitaine Galceran ! (1).

La Catalogne sera libre. L'Espagne sera li-

(1) Que dire en outre de l'aveu de l'accusateur Jesus Marin Rafales convenant, à la page 21 de la brochure gouvernementale, qu'on a entendu seulement les témoins à charge ? Que dire encore de l'hypocrisie confirmative de l'assesseur du conseil de guerre Enrique Gesta y Garcia affirmant, page 38, qu'on n'a pas permis l'audition de témoins à décharge ni la production de plusieurs documents, parce que certains détails de procédure n'avaient pas été observés ? (Par qui ?) Que dire enfin des séductions de l'*auditor général* de la Catalogne, déclarant que l'œuvre de Ferrer, ses écoles et sa librairie, — cette librairie qui publiait des œuvres aussi blâmables que l'*Evolution des Mondes*, l'*Histoire de la Terre*, l'*Origine de la Vie*, ou la *Grande Révolution* de Kropotkine et *Comment se forme une intelligence*, du docteur Toulouse — et ses relations avec des personnalités étrangères, prouvaient que « l'accusé était le « chef » des anarchistes, acrates et libertaires espagnols » et qu'il devait *forcément* (sic) être, comme maître et directeur, responsable des incendies, des vols et des meurtres de juillet (p. 56). Et comment qualifier les juges qui refusent d'entendre les témoignages « des savants et des philosophes étrangers » parce qu'ils les trouvent *inutiles* — ce qui ne les empêche pas de tenir compte (p. 60) du rapport de la police parisienne demandé d'ailleurs par l'accusation elle-même ? C'est une façon bien madrilène de comprendre l'impartialité. Ajoutons enfin qu'*il est à présent prouvé que le capitaine Galceran fut arrêté après sa plaidoirie pendant 48 heures, par ordre du commandant Raso Negrini.*

bre quoi qu'on fasse. Et nous terminerons aujourd'hui ce *Ferrer* comme l'un de nous terminait, en 1907, la *Question Catalane* :

Si l'autonomie était toujours systématiquement refusée à la Catalogne, si la tyrannie, franche ou déguisée, continuait à martyriser la pensée des Espagnols et à punir les gestes des hommes libres, si le trône d'Espagne pesait sur le peuple jusqu'à l'écrasement, qui pourrait, sincèrement, blâmer les sujets d'Alphonse XIII de réagir, de relever la tête, de proclamer leur droit à profiter de leur labeur, de tenter de se débarrasser d'un épuisant parasitisme et de chercher enfin à travailler à la grandeur de leur *Nation* ? Qui leur reprocherait de vouloir briser le principal maillon de leur pesante chaîne, — celui qui a pris la forme d'une couronne d'or ?

FIN.

TABLE DES MATIÈRES

TABLE DES HORS-TEXTE

FIN DES TABLES

IMPRIMERIE DE CHOISY-LE-ROI

Les plus belles pages
de Clemenceau

recueillies et annotées par Pascal-Bonetti, ornées
de deux portraits de l'Auteur et de la reproduc-
tion du célèbre tableau de J.-F. Raffaëli : La
Réunion Publique (Musée du Luxembourg). Introduction de M.-C. Poinsot.

Tous les Français connaissent Georges Clemenceau,
orateur et homme d'État. Trop rares encore sont les
esprits qui ont su goûter sa philosophie, toute d'énergie
et de lucidité, comprendre son sens profond de la littérature, savourer son art exquis de conteur.

C'est pour populariser l'œuvre si noble et si originale
de ce penseur, ancien premier Ministre de la République,
que l'on a réuni ses plus belles pages sous ces quatre
titres : *Clemenceau conteur*, *Clemenceau philosophe social*, *Clemenceau journaliste et critique*, *Clemenceau
orateur*.

Comme le dit M. Poinsot dans sa belle introduction :

« L'œuvre écrite de Clemenceau est réconfortante.
Certains écrivains sociaux servent la cause publique en
dévoilant les plaies de notre organisation, en se consti-
tuant l'écho des clameurs de colère ou de souffrance,
mais leur révolte pessimiste cherche à peine le remède
et ne vise qu'à la destruction. Ils se lamentent ou s'indi-
gnent. Clemenceau fait mieux. D'un clair regard embras-
sant la mêlée des hommes, il reste calme et se donne en
exemple d'abord : exemple de volonté, de persévérance,
d'espoir jamais vaincu ; puis il dit, sous mille formes,
la nécessaire action de chacun pour devenir fort contre
la destinée, pour aider d'un geste pitoyable au relèvement des faibles, d'un geste fraternel à l'amélioration de
la collectivité.

« Rien de grand, de viable, ne s'accomplira, sans l'épa-
nouissement optimiste de toutes nos énergies. Et c'est
en cela que Clemenceau est un grand conducteur
d'hommes. »

ALBERT MÉRICANT, Éditeur,
1, rue du Pont-de-Lodi, Paris (6ᵉ)

Un Livre
de M. Stéphen Pichon

Ministre des Affaires étrangères en France

Le livre tant attendu de M. Stéphen Pichon, Ministre des Affaires étrangères de la République française, vient de paraître à Paris, sous ce titre énergique : *Dans la Bataille.* Il devait s'intituler d'abord : *Pages Républicaines.* La grande presse l'annonça à plusieurs reprises. Mais ce titre ayant été choisi, il y a quelques années, par M. J. Reinach, M. Pichon, avec sa bonne grâce habituelle, voulut bien consentir à ne pas le reprendre.

Dans la Bataille a eu déjà un très grand retentissement, tant par la personnalité de son auteur que par l'intérêt puissant des sujets d'actualité qui sont traités dans cet important ouvrage. Les pages consacrées à la séparation des Églises et de l'État, à la Diplomatie de l'Église sous la troisième République, à la question d'Alsace-Lorraine, à celle du Maroc, à la Dignité Nationale, aux Affaires de Chine et à la formation de l'Italie, pour ne citer que les principales, passionnent l'opinion et forcent l'admiration.

Dans la Bataille, orné de neuf hors-texte (dont le célèbre portrait du Ministre, par J.F. Raffaëll), complété par des notes documentaires et un très curieux essai biographique de M. Georges Normandy, fait connaître au grand public international que M. Stéphen Pichon, homme politique remarquable, diplomate éminent et historien impartial, est aussi un écrivain de la plus haute valeur. C'est une belle œuvre.

1 volume. Couv. illustrée, en deux couleurs. — 3 fr. 50

ALBERT MÉRICANT, Éditeur
1, rue du Pont-de-Lodi, Paris (6ᵉ)